U0146918

台指當沖
交易秘訣

操盤手之路

李堯勳（自由人freeman）

作者自序

交易是一場尋找自己的旅程。我曾經為了研究技術分析，每到書局就會不由自主走到財經相關的書架處，自然地翻著一本本有關交易的書籍，每每看到新奇的指標，甚至只因為聳動的書名或標題，就毫不考慮地買下，回家後再仔細研究。一年過去了，我的書架上擺滿技術分析的書，有些內容甚至是重覆的；但可笑的是，我研究得越久，虧損的金額卻是越來越多。

直到有一天，朋友點醒了我，他說：「你買了這麼多書，研究了這麼久，開始獲利了嗎？」我說：「我還在找賺錢的方法。」他說：「你根本是在做研究，不是在交易！」這句話真是當頭棒喝，把我給打醒了——原來我一直在研究行情！

從那天起，我不再買技術分析的相關書籍，搬家的時候，幾大箱的書全部丟掉，只留下少數幾本。我開始記錄自己的交易，計算我的勝率、平均盈虧比與交易的期望值；每天收盤，我會檢討今天虧損最多的交易，試著回想當下的交易情緒與盤面的脈動。我日復一日研究自己的交易紀錄，並將它畫成K線圖，每當出現大長黑K，就會特別記憶當天的走勢，提醒自己不要再犯相同的錯誤。幾年過去了，我發現長黑K的天數減少了，我的淨值就像一支績優的成長股，穩定的往上成長。

目錄

第伍篇 交易雜記

交易篇

第一章 當沖交易的原則

　　價格的波動在一般人眼中似乎是雜亂無章，毫無規則可循。但是在我們仔細分析價格波動與簡單的歸類之後，可以很清楚的發現：價格波動有其規律性，表現在K線圖上，它呈現著「區間震盪→趨勢→區間震盪→趨勢→區間震盪→趨勢」的循環，只要遵循這樣的規律性，就能發展出簡單的當沖交易原則。

　　當沖交易進場原則：出場原則另闢章節再說明

一、以空頭為例

> 區間震盪（作頭）→空頭趨勢→區間震盪（作頭）→空頭趨勢→區間震盪（作頭）→空頭趨勢

Ⓢ區間震盪時：

* 在區間震盪（作頭）的頂端（壓力處）試空單。

* 在即將突破頸線時（也就是區間震盪的底部），順勢加碼。

Ⓢ空頭趨勢發動後：

* 價格反彈至前波低點（壓力處）試空單。

* 價格即將突破本波低點時，順勢加碼。

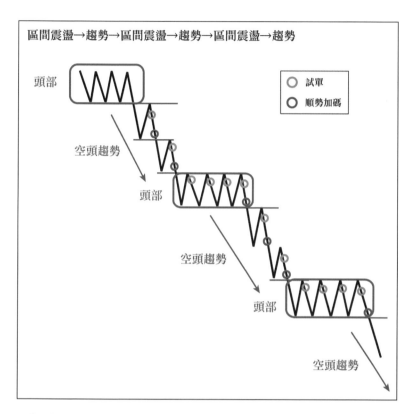

區間震盪→趨勢→區間震盪→趨勢→區間震盪→趨勢

二、以多頭為例

> 區間震盪(打底)→多頭趨勢→區間震盪(打底)→多頭趨勢→區間
> 震盪(打底)→多頭趨勢

$ 區間震盪時：

* 在區間震盪(打底)的底部(支撐處)試多單。

* 在即將突破頸線時(也就是區間震盪的頂端)，順勢加碼。

Ⓢ多頭趨勢發動後：

* 價格拉回至前波高點（支撐處）試多單。

* 價格即將突破本波高點時順勢加碼。

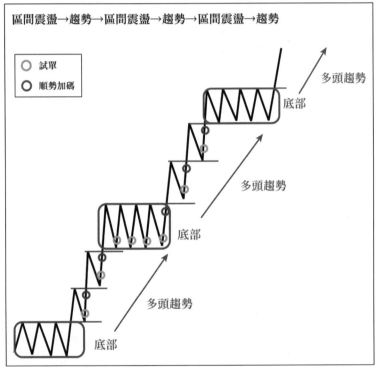

區間震盪→趨勢→區間震盪→趨勢→區間震盪→趨勢

○ 試單
● 順勢加碼

底部

多頭趨勢

底部

多頭趨勢

底部

多頭趨勢

底部

根據價格波動的規律性，我們發展出簡單的進場原則。然而在當沖交易中，除了進場原則外，還要包括出場原則、停損以及如何加碼與減碼，這留待後面的章節再說明。

操盤手之路(1)　菜鳥營業員

2001年9月，退伍後我在台北找了3個月的工作。當時的景氣就跟現在(2009年初)一樣差，又碰上「911」，台股指數跌到3411的低點，社會瀰漫著一股低氣壓，壓著大家喘不過氣來，只能咬著牙硬撐。

我自認是個吃苦耐勞的年輕人，可惜這個社會並沒有給我太多的機會。投了幾十封履歷，回的大概不到十封；面試的過程中，屢遭挫折；我想找個糊口的工作，卻總是四處碰壁。總算在10月底有一家期貨商錄取我當營業員。就這樣，我走上期貨交易的不歸路。

剛進公司，我什麼都不會，甚至連一張股票也沒買賣過，更不用說是交易期貨。而既然我的職務是營業員，工作自然是找客戶交易期貨，一個菜鳥營業員當然一個客戶也沒有，於是主管給我一份名單，每天call客到晚上9點，下午就到街上發傳單——就這樣持續了半年。

當初跟我一起同期的新人有四個，其中一個在一年後離職，不再回到期貨市場，剩下連我在內的三個人，如今都已是很成功的交易者了。

第二章 盤整盤的操作

　　盤整盤對於積極交易的初學者，往往會兩面巴；賠到喪失交易信心之後，行情噴出時，通常已經不敢再下單了。初學者面對盤整盤時，必須以明確的交易訊號作為進出場的依據，而且只能操作一個方向，如此便可以在盤整時，降低交易次數，進而提高交易的勝率，對交易不會產生懼怕的心理。

一、空頭趨勢中的盤整盤

⑤交易原則(一)：使用B-Band中的%b指標(循環指標)

> %b＝〔(B-Band上限)－(B-Band下限)〕÷(B-Band中線)*100
>
> 註：%b＝120，表示價格在B-Band上限之上且距離B-Band上限為20%的
> 　　B-Band寬度

❋ 進場：在空頭趨勢中，%b＝80～120，且1分K出現長紅(成交量出現突兀量)長黑轉折處，進場試空單。

❋ 出場：在空頭趨勢中，%b＝-20～20，或在區間震盪的中間值處，平倉出場。

❋ 停損：30點停損。

⑤交易原則(二):觀察價差的變化

✽ 進場:在空頭走勢中,指數反彈後且逆價差縮小停止時(有時會翻成正價差),試空單。

✽ 出場:在逆價差放大停止時平倉出場,或在區間震盪的中間值處平倉出場。

✽ 停損:30點停損

註:價差是相對的,每天的價差變化不盡相同,所以要時時刻刻觀察。

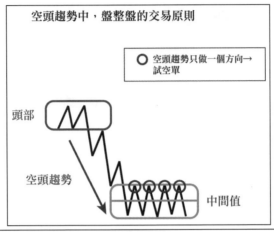

空頭趨勢中，盤整盤的交易原則

空頭趨勢只做一個方向→
試空單

頭部

空頭趨勢

中間值

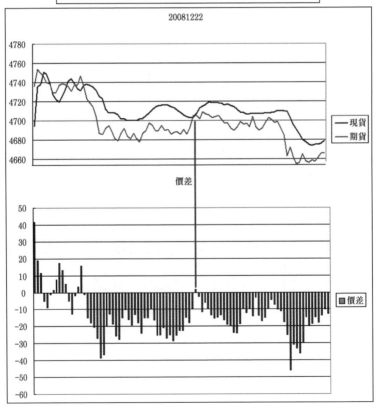

20081222

現貨
期貨

價差

價差

二、多頭趨勢中的盤整盤

⑤交易原則(一)：使用B-Band中的%b指標(循環指標)

> %b＝〔(B-Band上限)－(B-Band下限)〕÷(B-Band中線)＊100
>
> (註：%b＝-20，表示價格在B-Band下限之下，且距離B-Band下限為20%
> 　　的B-Band寬度)

* 進場：在多頭趨勢中，%b＝-20～20，且1分K出現長黑(成交量出現突
  兀量)長紅轉折處，進場試多單。

* 出場：在多頭趨勢中，%b＝80～120或在區間震盪的中間值處平倉出
  場。

* 停損：30點停損。

⑤交易原則(二)：觀察價差的變化

* 進場：在多頭走勢中，指數回檔後且逆價差放大停止時(正價差縮小
  停止時，或有時會翻成逆價差)，試多單。

* 出場：在正價差放大停止時平倉出場，或在區間震盪的中間值處平倉
  出場。

* 停損：30點停損。

註：價差是相對的，每天的價差變化不盡相同，所以要時時刻刻觀察。

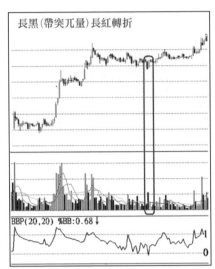

長黑(帶突兀量)長紅轉折

BBP(20,20) %BB:0.68↓

多頭趨勢中,
盤整盤的交易原則

試多單

'12/10
↑MA3:335↓成交張數:425↑

BBP(20,20)

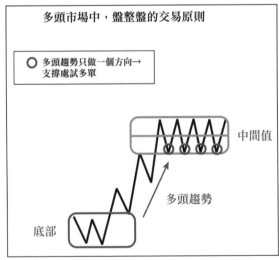

多頭市場中,盤整盤的交易原則

○ 多頭趨勢只做一個方向→
支撐處試多單

中間值

多頭趨勢

底部

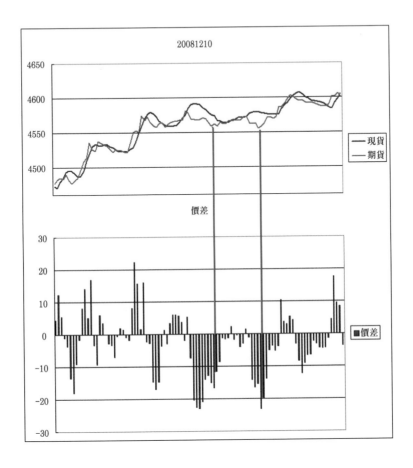

三、停損的例子

　　當沖交易中，「停損」是很重要的機制，目的在於保護資金的安全。身為一位當沖客，如果沒有資金作為後盾，等於跟戰場上的士兵沒有了槍是一樣的，所以當行情不如預期，這時你要當機立斷，立即停損，不能猶豫。

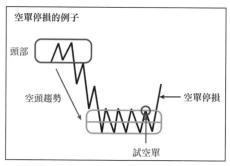

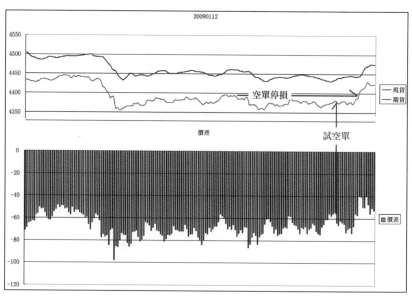

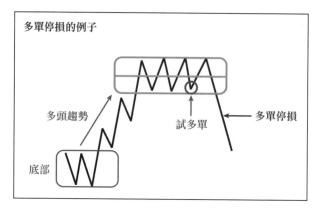

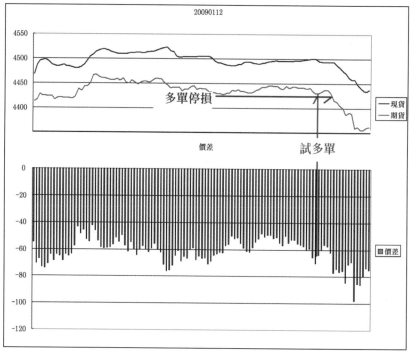

四、盤整盤的禁忌

1. 在空頭走勢中，指數反彈後且逆價差縮小時（接近前波低點的頸線），絕對不能作多。如果你心態偏多，那麼在今天的盤勢中，就不能在指數上漲（反彈）且逆價差縮小時，進場追多單——除非是軋空盤。

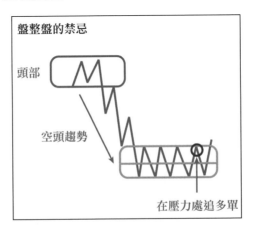

盤整盤的禁忌

頭部

空頭趨勢

在壓力處追多單

2. 在多頭走勢中，指數回檔後且正價差縮小時（接近前波高點的頸線），絕對不能作空。如果你心態偏空，那麼在今天的盤勢中，就不能在指數下跌（回檔）且正價差縮小時，進場追空單——除非是殺多盤。

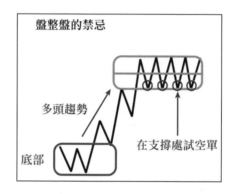

盤整盤的禁忌

多頭趨勢

底部

在支撐處試空單

藉由盤整盤的禁忌規則，我們可以得到操作盤整盤的「一般性原則」：在盤整走勢中，指數拉回的逆價差買進，指數反彈的正價差空出。

在盤整時交易的用意在於卡住心理倉位，為的是取得方向性，等待速度盤的出現，更重要的是維持交易的積極度；換言之，在盤整時期的交易就是先試單卡住優勢倉位，才有後面的速度盤操作法。

操盤手之路(2)　初試身手

2001年11月，台股剛從911的低點反彈上來，整個11月，指數大概上漲500點左右，坐在旁邊的操盤大哥，整個11月一直都在作多；比我資深的營業員有些自己也在交易台指，每天都聽他們說今天賺了多少又多少。心想：我也來試試看，要教客戶交易期貨，自己當然也要會做才行。所以，我開了一個人頭戶，匯了15萬，也學其他人開始交易期貨。剛開始，我只敢作小台。

算是初學者的狗屎運吧！因為身邊賺錢的人都是在作多。而我開始交易剛好在12月初，遇到了超級大反彈，一個星期台指漲了將近一千點。我的交易決策很簡單，台指上漲時，我就作多一口小台，漲不上去就平倉。一整個星期，我一直作多然後平倉，之後算一算，我竟然賺了3萬多，比我的薪水多了很多！

那個週末，我整個腦海都在想，如果這樣賺錢下去，一個月後會有多少，一年後說不一定我就出運了！下個星期，我要換大台，這樣賺錢比較快！

嗯！就這麼決定！

誰知道，改玩大台就開始賠錢！我想可能是自己對於交易的技巧不夠了解，所以開始買有關技術分析的書籍來閱讀。就像著魔一般，只要到書店，我只會走向財經相關那一櫃，看到技術分析的書就買。有時真恨自己時間不夠，因為書還真是多，有些又看不太懂──尤其波浪的書，我一直覺得它很玄。

　　於是，我開始使用一些指標，如果賠錢我就換另一個。什麼KD、RSI、威廉指標、DMI、SAR………我都嘗試過，但還是一直在賠錢！

　　現在我知道當初為什麼會一直賠錢──因為指標都是落後反應。交易真正的重點在於了解市場當下正在告訴你什麼。老師（市場）可能是用權值股的漲跌告訴你；可能是用正逆價的大小告訴你；也可能是用期指的量價告訴你。這些都是要交易者仔細地去聆聽，進而將它內化。

　　所以我說，天才操盤手對我影響很大，是他說必須把指標拋開，如此才真正打開了交易之門，讓我掙脫指標的枷鎖。

　　我找到交易真正的方向！

第三章 速度盤的操作

當沖交易的兩大基本功為「停損」與「順勢加碼」；停損是為了免於大賠，順勢加碼則是當沖交易獲勝的關鍵。當速度盤（趨勢）出現時，交易者必須放大部位以讓利潤進一步地擴大。速度盤的倉位安排：試單→加碼→減碼→出場。

一、空頭速度盤交易原則：我們將空頭趨勢的行情拆成兩部分進行交易。

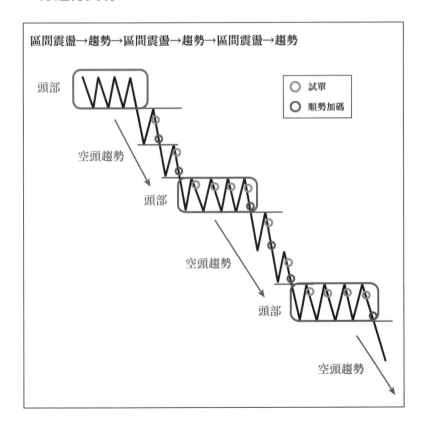

1. 盤整時的試單與加碼：

    (1) 試單原則：比照前一章的進場原則。

    (2) 加碼原則：速度盤的加碼點，必須在期指成交量出現連續攻擊量之前進場——也就是即將跌破今Low時進場。

    (3) 出場原則：當期指速度消失時平倉。在K線圖上，你會發現一分K的顏色為黑黑黑黑黑紅紅，也就是當連續的黑K出現第一個紅K時，就是即將平倉的訊號，這時開始減碼；當一分鐘K出現兩個紅K時，立即全部平倉。因為短線上即將止跌，也是小波段的結束。

    圖例：

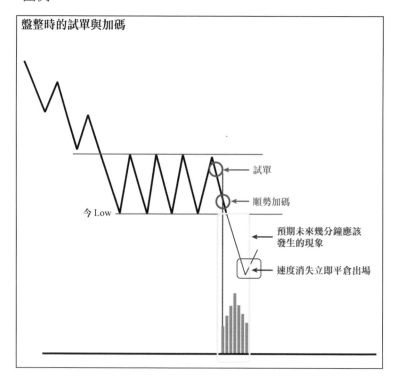

盤整時的試單與加碼

今 Low

試單

順勢加碼

預期未來幾分鐘應該
發生的現象

速度消失立即平倉出場

⑤空頭速度盤的確認（預期未來幾分鐘應該發生的現象）：

❈ 逆價差持續放大。

❈ 每秒的成交筆數暴增。

❈ 權值股持續出現賣單。

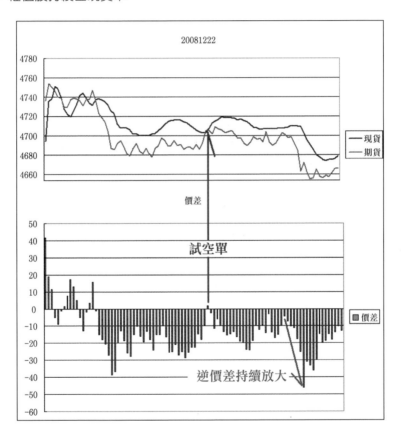

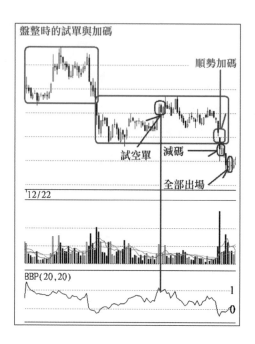

2. 行進間的試單與加碼：

(1) 試單原則：反彈至前波低點或逆價差收斂後再度放大時試單，停損30點。

(2) 加碼原則：速度盤的加碼點，必須在期指成交量出現連續攻擊量之前進場——也就是即將跌破今Low時進場。

(3) 出場原則：當期指速度消失時平倉。在K線圖上，你會發現一分K的顏色為黑黑黑黑黑紅紅，也就是說當連續的黑K出現第一個紅K時，就是即將平倉的訊號，這時開始減碼；當一分鐘K出現兩個紅K時，立即全部平倉。因為短線上即將止跌，也是小波段的結束。

圖例：

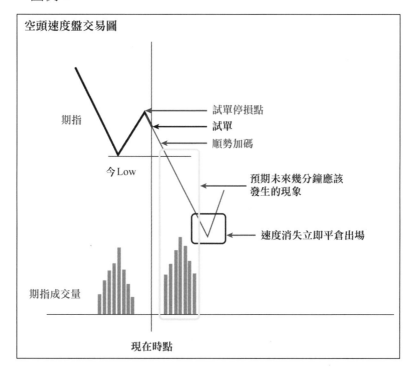

空頭速度盤交易圖

期指

今Low

期指成交量

現在時點

試單停損點

試單

順勢加碼

預期未來幾分鐘應該
發生的現象

速度消失立即平倉出場

⑤空頭速度盤的確認（預期未來幾分鐘應該發生的現象）：

✵ 逆價差持續放大。

✵ 每秒的成交筆數暴增。

✵ 權值股持續出現賣單。

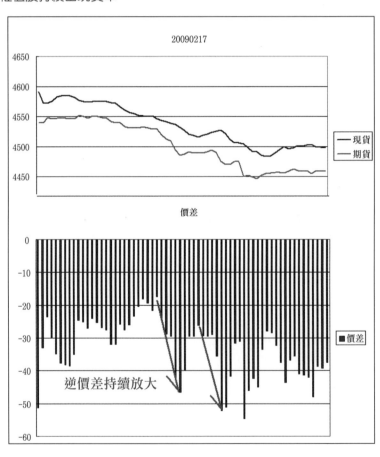

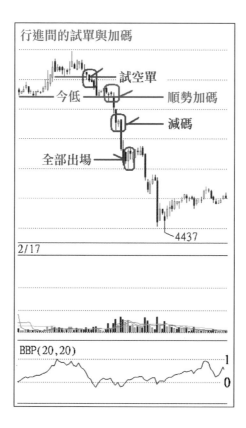

行進間的試單與加碼

試空單

今低

順勢加碼

減碼

全部出場

4437

2/17

BBP(20,20)

1

0

**二、多頭速度盤交易原則：我們將多頭趨勢的行情拆成兩部
分進行交易。**

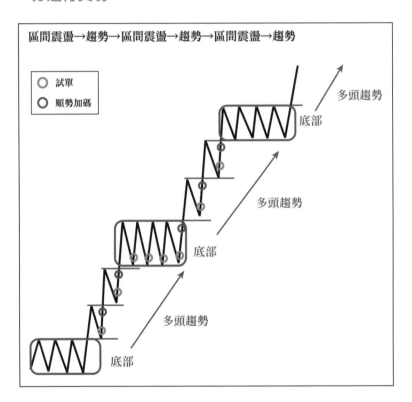

1. 盤整時的試單與加碼：

   (1) 試單原則：比照前一章的進場原則。

   (2) 加碼原則：速度盤的加碼點，必須在期指成交量出現連
       續攻擊量之前進場——也就是即將突破今High時進場。

(3) 出場原則：當期指速度消失時平倉。在K線圖上，你會發現一分K的顏色為紅紅紅紅紅黑黑，也就是說當連續的紅K出現第一個黑K時，就是即將平倉的訊號，這時開始減碼；當一分鐘K出現兩個黑K時，立即全部平倉。因為短線上即將回檔，也是小波段的結束。

圖例：

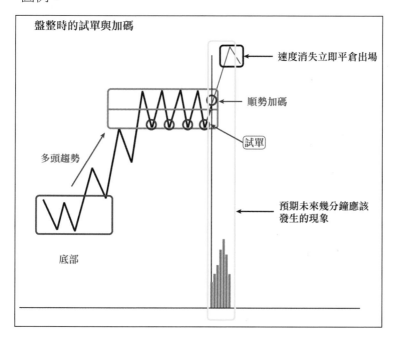

⑤多頭速度盤的確認（預期未來幾分鐘應該發生的現象）：

✳ 正價差持續放大或逆價差持續收斂。

✳ 每秒的成交筆數暴增。

✳ 權值股持續出現買單。

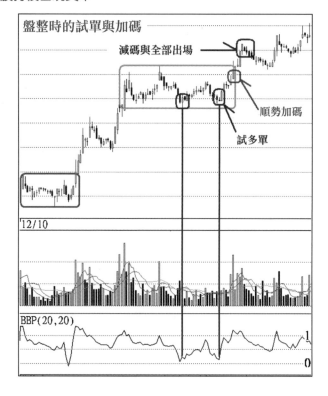

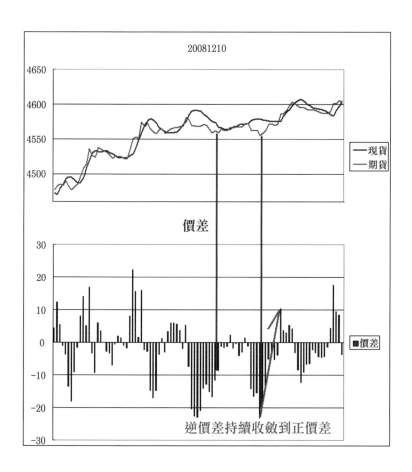

2. 行進間的試單與加碼：

（1）試單原則：回檔至前波高點或正價差收斂後再度放大時試單，停損30點。

（2）加碼原則：速度盤的加碼點，必須在期指成交量出現連續攻擊量之前進場——也就是即將突破今High時進場。

（3）出場原則：當期指速度消失時平倉。在K線圖上，你會發現一分K的顏色為紅紅紅紅紅黑黑，也就是說當連續的紅K出現第一個黑K時，就是即將平倉的訊號，這時開始減碼；當一分鐘K出現兩個黑K時，立即全部平倉。因為短線上即將回檔，也是小波段的結束。

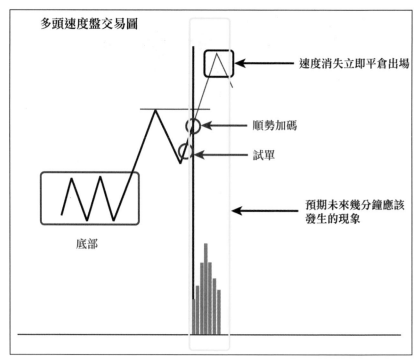

多頭速度盤的確認（預期未來幾分鐘應該發生的現象）：

❋ 正價差持續放大或逆價差持續收斂。

❋ 每秒的成交筆數暴增。

❋ 權值股持續出現買單。

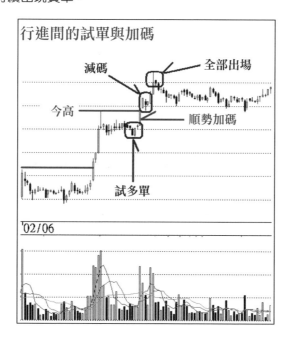

行進間的試單與加碼

減碼

全部出場

今高

順勢加碼

試多單

'02/06

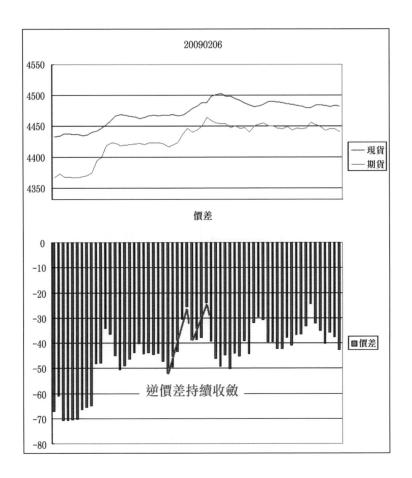

三、加碼單的停損

　　當你放大部位之後，對當沖客而言是最危險的時刻，一旦沒有確認訊號，此時不能猶豫，必須全部認賠停損，先求全身而退。

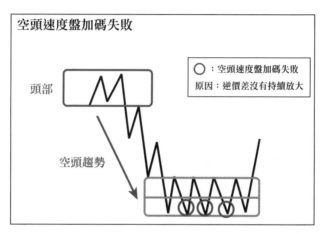

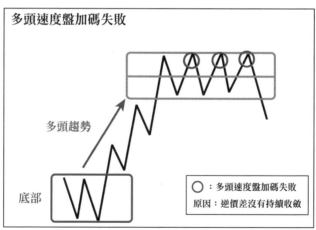

操盤手之路(3)　操盤大哥

　　2002年1月23日，進入期貨業3個月。我是公司的新進員工，座位剛好在操盤大哥的隔壁，每天都看他很忙碌的丟單。操盤大哥是從地下期貨時代就開始作單，他告訴我，因為機緣巧合跟張天王一起作單，讓他突飛猛進。

　　記得那一天的盤勢相當精采，期指開盤後就一飛沖天，從低點5710上漲386點到6096。午盤過後，行情反轉直下，從最高點6096一路殺到收盤5775。操盤大哥從一開盤就開始買，一路作多，部位我猜應該有300～500口。他們的交易方式是波段部位＋短線調節，所以當行情反轉的初期，他們還是會回檔就接；但是那天的走勢實在太詭異了，操盤大哥在接近尾盤的時候，開始執行停損，一路砍到尾盤。收盤後，他很累的攤在椅子上，我不識相的問了一句：「大哥！今天這種盤常出現嗎？」他說：「不常。」我又問：「大哥今天還好吧？」他說：「不好，賠了1600萬。」我聽了之後，當場楞住，不知該如何反應。

　　我猜那是操盤大哥賠最多的一天，事後知道他操作的資金大約是1.5億～2億。操盤大哥從911之後，開始跟張天王從3411附近的低點作多上來，這1600萬只是獲利回吐的一部分而已。

　　第一次感受到期貨的可怕！

第四章 逆勢盤的操作

　　逆勢交易的獲利基礎在於空單大賺後的回補買盤，或是多單大賺後的回補賣盤，如果能夠適當的掌握，會有不錯的利潤。但要強調的是，逆勢單也僅以小部位試單為原則，並非當沖交易的主要獲利來源。

一、跌深之後的反彈（跌久必盤）

　　我們可以推敲：為何跌深之後，價格會快速的反彈？最主要的原因是，跌深之後，空單累積極大的利潤，當空單要回補時就會不計價位地平倉；此時價格呈現快速反彈，直到壓力區才停止。

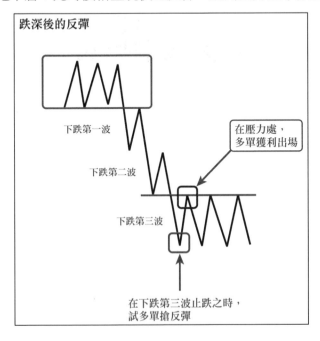

跌深後的反彈

下跌第一波

下跌第二波

下跌第三波

在壓力處，多單獲利出場

在下跌第三波止跌之時，試多單搶反彈

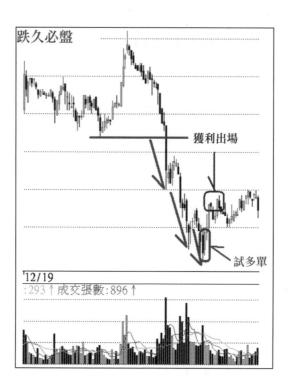

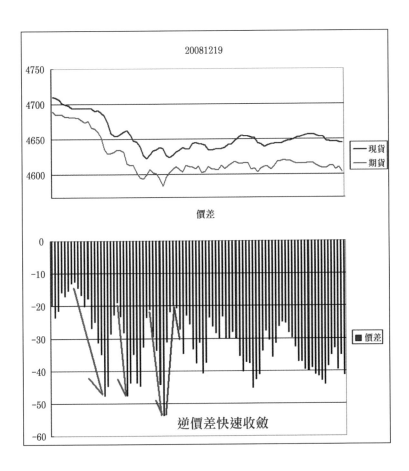

二、漲多之後的回檔（漲多必盤）

　　價格在漲多之後會有獲利回吐的賣壓，當沖客可以順著這股
賣壓，試空單以獲取一小段穩定的利潤。其實這兩種交易模式都
是基於「噴久必盤」的交易原則。

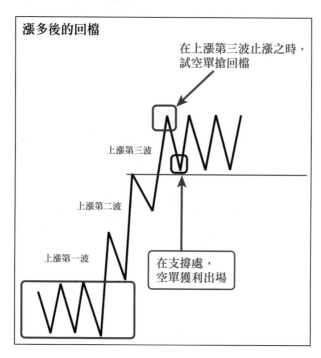

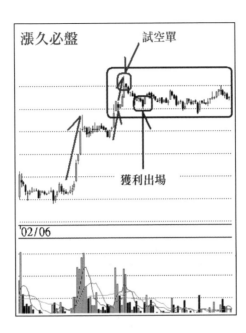

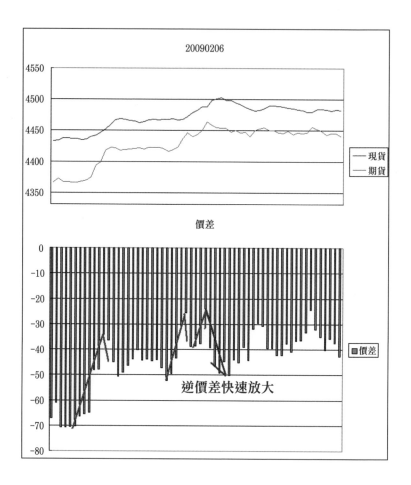

三、空頭反轉盤（軋空盤）

空頭反轉盤交易模式的獲利來源，在於追空單大量的停利或停損。

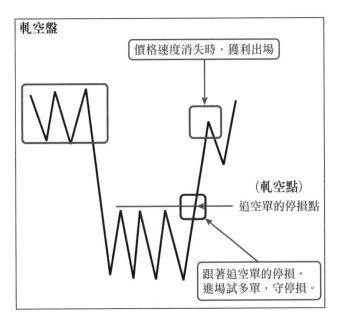

軋空盤

價格速度消失時，獲利出場

（軋空點）
追空單的停損點

跟著追空單的停損，
進場試多單，守停損。

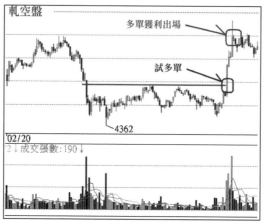

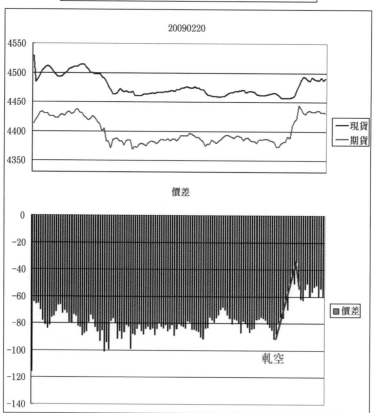

四、多頭反轉盤(殺多盤)

多頭反轉盤交易模式的獲利來源,在於追多單大量的停利或停損。

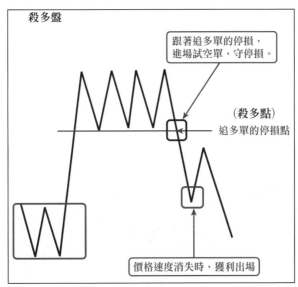

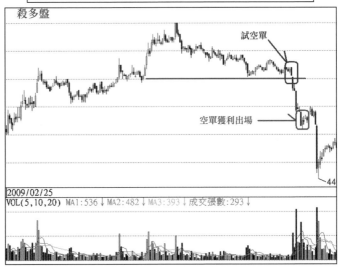

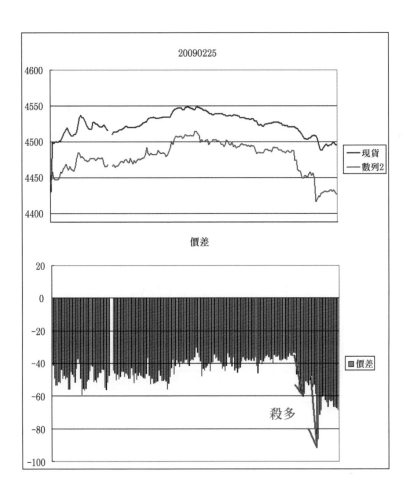

操盤手之路(4)　我是輸家

2002年6月，儘管我已經賠了一褲子，還是深信自己能夠扳回一城，於是開始跟銀行借貸(在那個年代，有身分證就可以辦信用卡與現金卡，也開啟了地獄之門)，期貨帳戶輸光了，又繼續借，我成了一個不折不扣的賭徒。漸漸的，我發現自己害怕上班，因為一上班就會賠錢。而這段日子，我的腦中是一片空白，不知道自己的方向在哪裡。

期貨交易的兩大心魔，就是貪婪與恐懼。恐懼已經找上我了，每當我握著滑鼠，心跳就開始加速，手心開始冒汗，手指微微顫抖。尤其是被軋單的時候，感覺自己好像在大量失血，手腳無力，內心一片茫然！我陷入泥沼中而不自知，那時如果有人點醒我，拉我一把，相信這條交易之路應該不會走得如此辛苦。

我是個徹徹底底的輸家，從我的期貨帳戶就可以知道。期貨帳戶就像一個無底洞，無論投入多少金錢，都會不見。

第一章 新手當沖客的事前準備

很多人都非常嚮往操盤手的生活，認為用食指按一按滑鼠，財富就滾滾而來，殊不知要成為一位成功的操盤手，沒有3～5年以上的努力是不可能成功的，而且還要有正確的交易方法、健全的交易心態，以及一位精神導師在你操作失意時輔導你，若缺少這三者，只怕窮其一生也無法成功。

以下是新手當沖客在交易前應該做的準備：

1. 心理建設
2. 使用資金
3. 電腦設備
4. 建立一套固定的操作模式

一、心理建設

有心想要進入期指當沖領域的初學者要想清楚：

1. 這樣的交易模式是否適合自己的個性？

2. 是否能夠在8點45分～13點45分這段時間全心全意的作單？

3. 是否願意付出一年的時間與相當的金額做補習費？

如果做不到以上三點，我建議不要進入這個領域，因為一定會失敗。

期貨是零合遊戲，只要市場上有比你經驗豐富的交易者，他贏錢的機會就比你大。以筆者而言，在我認識的朋友中，我的短線能力排第五(以每天賺錢的能力做比較)，我們還是小咖的，我至少知道還有5個能力比我們更強的大咖每天在這市場上交易，所以我每天的交易都會戰戰兢兢。

由此可知，初學者賠錢是正常的，因此我們必須將虧損的金額控制到最小，安然地度過當沖交易的第一年，學到寶貴的交易經驗。

二、使用資金

既然當沖交易的第一年，目的是學習當沖交易的技巧而不是獲利，我們可以使用10萬元的資金，利用小台指做練習。

如果資金只有10萬元，做一口小台當沖，小台保證金為21,500元，當沖交易的保證金為10,750元(21,500÷2＝10,750)，那麼10萬元扣掉當沖交易保證金，手中還剩89,250元(100,000－10,750＝89,250)，相當於小台點數1785點(89,250÷50＝1785)，亦即用10萬元做小台當沖，手中的籌碼有1785點。

如果每次試單為固定30點，那你將可以試單59次(1785÷30≒59)，這是每次都停損的狀況，所以在還沒熟練之前(初學)，當沖應該慎選交易機會，因為只有59次機會。

三、電腦設備

至少要有兩台電腦，一台看報價，一台用來下單。

螢幕可以準備2～4個，其中要包含：

1. 一分鐘的K線圖

2. 前20大的權值股

3. 摩根期指5分與30分的K線圖

4. 下單介面

現在的期貨商大多使用點擊式的交易介面，也提供完善的報價系統，讀者可以多開幾家期貨帳戶，使用這些免費的資源。

四、建立一套固定的操作模式

你可以運用交易篇中所介紹的操作模式，也可以使用自己熟悉的方式，但是記得不要隨性地變換操作模式。操作模式包含交易的進出場、部位安排與停單機制。

⑤交易的進出場（操作熟悉的盤面）

先練習獲利最大與勝率最高的盤勢，其它盤勢初期都要放棄。

1. 空頭速度盤

    觀察到頭部成形且價格反彈至頸線→試空單

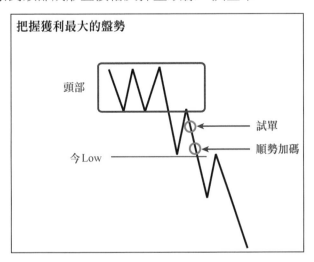

2. 多頭速度盤

    觀察到底部成形且價格回檔至頸線→試多單

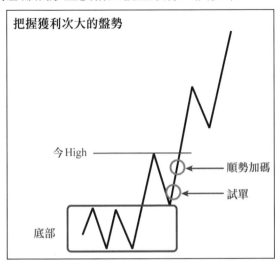

⑤新手當沖客的部位安排：

❋ 試單：試單→出場（1口小台進場→1口小台出場）

❋ 順勢加碼：試單→加碼→減碼→出場
（1口小台進場→2口小台再加碼→減碼1口（或2口）小台→小台全部出
場）

⑤停單機制（舉例）

❋ 虧損金額達總金額10%→今日停單

❋ 連錯3筆→今日停單

❋ 今日獲利回吐一半→今日停單

操盤手之路(5)　吃人的世界

2002年11月，進入期貨業剛好滿一年。交易一年，我賠了150萬，除了爸爸給我的50萬，還有向銀行貸款的100萬。我萬念俱灰，心想我不適合走這條路吧！

在最後這幾個月，我就像一個賭紅眼的賭徒，著了魔一般，怎麼賭，怎麼賠。那時我的生活也發生問題，身上的現金只夠付2個月房租。早餐我只喝水，午餐公司提供，晚餐我就找同學或朋友ㄠ一頓飯吃（還好我的人緣不錯）。交易一年，我已經撐不下去了，只好辭職。只要想到100萬的貸款，心裡就涼了一半，如果找個穩定的工作，大概至少要5年才能還完吧！

辭職後，我嘗試找一般的工作，但那時候的景氣依舊很差，我一時找不到。身上只剩一個月的房租錢了，這整月我都吃稀飯配醬瓜，從來沒有想過自己會落到這種地步。

期貨真的害人不淺──我心裡這麼想。

第二章　新手當沖客面臨的問題

　　剛進入期貨市場的新手當沖客，在實際交易之後，就會發現當沖並不如想像中的簡單，且通常會面臨以下的問題：

1. 過度交易
2. 執行力不足
3. 凹單與留倉
4. 攤平
5. 重倉過度交易

一、過度交易

　　過度交易是所有新手當沖客一定會犯的毛病，也是最難克服的問題，因為他們認為當沖交易就是要積極，不斷地隨性進場，不斷地停損，最後愈戰愈敗，愈敗愈戰，以為這就是「堅持」，卻不懂得靜下心來，誠實面對帳戶無言的抗議。

　　歸咎原因，通常是因為交易者想要抓住盤整後的噴出行情，不斷地追高殺低，等到無數停損之後，才發現原來行情只有30點的狹幅波動。

⑤範例說明：

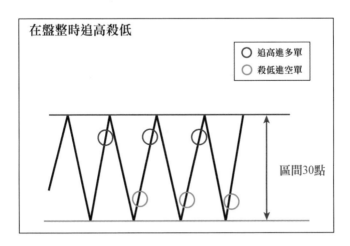

⑤解決之道：

當你追高殺低的操作時，虧損超過3筆立即停單，觀察價格是否陷入狹幅整理。

二、執行力不足

在新手當沖客出現過度交易的現象之後，接踵而來的就是執行力不足的問題。當你發現過度交易造成自己帳戶的資金嚴重滑落，並且知道交易成本原來是那麼高時，自然會提醒自己減少交易次數，但是之前過度交易的失敗經驗仍深深烙印在心裡，當你握住滑鼠時，就會有一個聲音從心裡傳來：「這筆單按出去可能會賠錢喔！」所以你猶豫了，眼看著行情扶搖直上，更不敢去追高，就這樣錯失一段大行情。

$\bigcirc$範例說明：

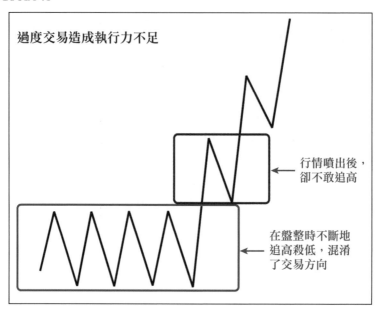

過度交易造成執行力不足

行情噴出後，
卻不敢追高

在盤整時不斷地
追高殺低，混淆
了交易方向

$\bigcirc$解決之道：

對自己做心理建設，利用固定停損值的方式，讓交易的虧損可以確定，穩定自己的交易情緒。因為執行力的不足通常來自交易的恐懼，而恐懼則源於不確定的交易虧損。

三、凹單與留倉

不停損的凹單也是過度交易之後的產物。當你不斷的停損之後，情緒很可能被盤勢激怒，因而產生賭氣心理，心想：「每次停損，行情就反轉，這一次我就不停損，看看你能軋我多少點？」為了不服輸而凹，為了凹而留倉，等你回過神，才發現已經賠到斷頭出場了。

　　還有一種情況是新手當沖客在盤整時學會做逆勢單，亦即在盤整時逢高空、逢低買，只要賠錢就凹單到賺錢再出場，養成凹單的習慣。等到行情噴出，他也希望能夠再凹回來。

⑤範例說明：

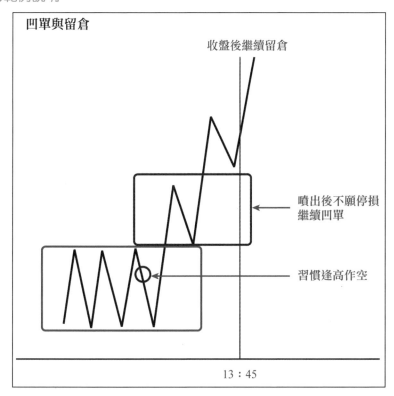

凹單與留倉

收盤後繼續留倉

噴出後不願停損繼續凹單

習慣逢高作空

13：45

⑤解決之道：

　　嚴格執行固定停損值，堅守當沖交易的原則，不留倉。

63

四、攤平

逢低攤平作多與逢高攤平作空也是新手當沖客常犯的毛病。攤平是交易者對行情投下不信任票,認為自己的作法才是對的,行情是錯的,想當然爾,一路的攤平最後換來的就是斷頭出場。

⑤範例說明:

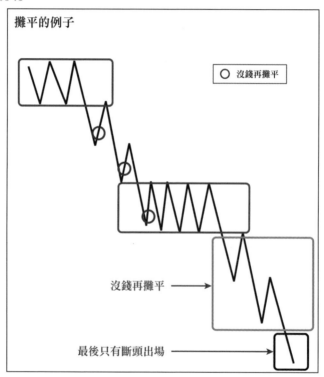

⑤解決之道:

試單陷入虧損,只有停損一途,不能攤平。只有試單賺錢時,才能加碼!

五、重倉過度交易

在所有問題中,使用重倉過度交易是新手當沖客的致命傷,一旦出現這種交易現象,如果不及時停止交易,很可能會讓寶貴的交易資金一日就摧毀殆盡。

⑤範例說明:

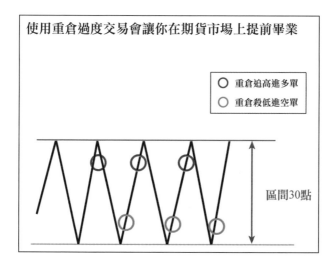

使用重倉過度交易會讓你在期貨市場上提前畢業

○ 重倉追高進多單
○ 重倉殺低進空單

區間30點

⑤解決之道:

重倉過度交易是新手當沖客要極力避免的問題,由於貪婪,想要快速的大獲利,往往會讓新手當沖客很快地從期貨市場上畢業。解決之道很簡單,就是永遠只用一口小台試單。

操盤手之路(6)　街頭遊魂

那一段稀飯配醬瓜的日子裡,有時在住處發呆,有時在街上亂逛,有時跑到速食店裡坐著。離開市場的這段時間,我的心慢慢靜下來,試著回想這一年發生的事情,反省著曾經出現的重大虧損。交易的第一年,我買了很多技術分析的書,完全靠著自己摸索,認真的去「研究」,但仍然找不出交易的關鍵。

有一天,我的朋友推薦我可以看看《金融怪傑》,總共四本,看到國外交易者成功的經驗,好像有那麼一點體會,但我還是不知道「交易的關鍵」。一個月過後,有一家期貨公司的主管找我,問我要不要再試試看,找不到工作,我只好再硬著頭皮上場(我又跟銀行借了15萬……)。現在想想我真是個爛賭徒!

這時候,我之前的同事(天才操盤手)也剛好離開舊公司,我問他:「要不要跟我到新公司試試看?」他說:「好!」第二年的交易開始,天才操盤手跟我到新公司上班。而因為他的關係,我對交易的觀念產生了很大的變化,這時我還不知道我的朋友是天才操盤手……

第二年我開始獲利。

第三章 對新手當沖客的建議

當沖交易其實很簡單，就是當頭部出現時，尋找壓力點試空單；當底部出現時，尋找支撐點試多單，可是為什麼成功者卻少之又少呢？這是因為當沖交易真的是知易行難，交易的道理很簡單，但由於當沖客本身的交易心態，造成在執行上的困難。因此，當沖交易成功的關鍵在於交易心態的養成，交易技巧只是次要的因素。

1. 當沖交易的第一年要避免過度交易
2. 只操作熟悉的盤面
3. 不用急！市場永遠在！等待也是一種紀律
4. 建立停單機制
5. 每日做交易檢討
6. 建立停利機制
7. 面對嚴重虧損時的心態調整
8. 尋找自己的精神導師(閱讀成功交易者的傳記)

一、當沖交易的第一年要避免過度交易

在本篇第一章曾提到新手當沖客使用的資金為10萬元，假設每次試單為固定30點，那麼將可以試單59次(在每次都停損的條件下)，亦即若一天交易次數為5次，則最糟糕的狀況就是12個交易日後(59÷5≒12)從期貨市場中畢業。而這樣的結果就表示，你可能不適合這種交易模式或是不適合當沖交易，甚至根本不適合在金融交易的世界中生存。

新手當沖客為什麼不能過度交易？這是因為其交易經驗不足，很容易被盤勢吸進去，主觀的以為這裡會漲或那裡會跌，所以勝率通常低於50%，扣除交易成本後就更低了。也就是說，在期貨市場上，新手當沖客每筆交易的期望值都遠低於零，當然交易次數越多就賠得越多。

利用控制每日交易次數的方式，延長自己在期貨市場上的交易壽命。每一次的交易失敗，都是用自己寶貴的資金與時間換來的，所以要記取失敗的交易經驗，當再度出現相同的盤勢時，提醒自己不能再犯一樣的過錯。

二、只操作熟悉的盤面

價格的波動是千變萬化的，但總有一些盤勢會重複地出現，所以在初學的階段只需掌握1～2個價格型態的走勢，其它不熟悉的價格型態都要放棄。請記住，這2個價格型態的走勢就是你的基本功，當你遭遇交易上的挫折後，就必須回到最初，再從基本功練起。

1. 空頭速度盤
   觀察到頭部成形且價格反彈至頸線→試空單

2. 多頭速度盤
   觀察到底部成形且價格回檔至頸線→試多單

三、不用急！市場永遠在！等待也是一種紀律

當你擬定一套固定的交易策略後，你會發現大部分的時間都是在等待，然而耐心等待進場點與出場點，卻也是新手當沖客最缺乏的，他們往往無法克制自己的交易衝動，隨性的進場，胡亂的停損，結果當然就是賠光出場，開始對期貨市場產生恐懼的心理。

因此，新手當沖客必須要對自己做進場前的心理建設：

「市場不會因為我的不交易而休市！」

並且提醒自己：「不用急！市場永遠在！」

四、建立停單機制

在本篇第一章曾提到停單機制的例子：

1. 虧損金額達總金額10%→今日停單

2. 連錯3筆→今日停單

3. 今日獲利回吐一半→今日停單

上述範例只是給各位參考，停單的機制要隨著自己的交易狀況與資金大小來做調整，重點是，當你定下停單機制後，就必須要嚴格遵守，這也是訓練自己紀律的方式。

五、每日做交易檢討

交易檢討是新手當沖客最重要的功課，因為所有的交易都是自己的金錢與時間換來的，都是寶貴的經驗，其他人無法傳授給你，你也無法將當下的心境傳授給其他人。這也是為什麼面對同樣的盤勢，會有千萬種的解讀與不同的操作手法，因為我們都是獨立思考的個體，會發展出適合自己的交易模式。

新手當沖客每日該做哪些檢討：

1. 記錄今天的帳戶淨值
2. 在今日的一分鐘K線圖中標示今天的進出點位
3. 嘗試寫出當下的買賣原因
4. 回想在一分鐘K出現速度與大量區的位置，權值股的買賣單狀況
5. 將重複犯錯的狀況特別點出來，供日後參考
6. 是否有過度交易的情形
7. 是否有貪念過度的狀況(把今天的獲利吐回去，該賺而未賺)
8. 記錄當天的勝率

六、建立停利機制

所有進入期貨市場交易的操作者，目的都是為了獲利，當沖客也不例外。但在期貨市場上，我卻發現一個很奇怪的現象，大部分的當沖客其實不是為了獲利而交易，因為他們常常在賺錢時，不願停手，甚至想賭更大，往往把早盤的獲利吐回去後又賠錢，才悻悻然地結束一天的交易，留下負面的交易經驗。

因此，雖然大部分當沖客心裡想的是賺錢，但淺意識卻是想賠錢，因為他們在賺錢的時候不願休息，捨不得離開市場，直到帳戶的資金賠光了，無法再交易，才願意離開市場。

對於新手當沖客而言，建立一套適合自己的停利機制，可以延長你在期貨市場上的壽命。當你交易愈久，學到的經驗就會愈豐富，等到交易技巧純熟了、交易心態正確了，然後行情來了、波動變大了，你的期貨帳戶中的資金就會不斷地成長，你會知道你成功了。

⑤停利機制的範例：

以一次交易的停損值當做一個單位，也就是說：

1. 在開始交易的階段，獲利30點時，當日停止交易。
2. 當你可以穩定獲利30點時，再將獲利點數往前推至60點（30*2＝60），以此類推。
3. 當你遭遇交易上的挫折時，再退回剛開始的獲利點數，重新建立交易信心。

七、面對嚴重虧損時的心態調整

當新手當沖客發生嚴重虧損時，請記住以下的方式，以調整交易心態：

1. 暫時離開市場（就是停單）。
2. 出外走走或是找其他交易者互吐苦水。
3. 等心情平復後，不急著下單，先觀察行情，出現勝率大的機會點再出手。休息後的第一次出手很重要，這關係到交易信心的建立。
4. 還是一口單，慢慢建立交易信心。
5. 把重大虧損的情況記錄下來，作為下次的參考。

每次出現虧損較大的單子，都要給自己做心理建設，知道自己的罩門在哪裡，如此才會對自已固定的操作方法有信心，才能再繼續交易。

八、尋找自己的精神導師（閱讀成功交易者的傳記）

新手當沖客在交易的前3年，會出現許多交易上的問題，以及面對挫折時該如何調適心情。此時你就必須尋找交易上的精神導師，補充心靈養分，為自己打氣。以下的方式供你參考：

1. 閱讀成功交易者的傳記。
2. 利用網路資源，在財經網站上發問，有時會遇到期貨交易高手，他會是你的貴人。
3. 在部落格記錄自己的交易心得，透過寫日誌的方式與自己對話，對自己打氣。
4. 多認識其他當沖交易者，有時在平常的討論中會有驚喜的火花！

操盤手之路(7)　天才操盤手(一)

2003年1月我跟天才操盤手到新公司上班。天才操盤手跟我說：「我只帶25萬，賠光就離職，找工作！」我的資金就是再跟銀行借的15萬(只能做一口大台)，我心裡想這是「背水一戰」。我跟他說：「我也是這麼想！」

第一天上班，我們討論應該如何作單。

他問我：「你都怎麼作單？」

我說：「我都看KD進出場。」

他問：「有賺錢嗎？」

我說：「賠了一褲子。」

他說：「我觀察了半年，發現指標都太慢了，應該要看摩根跟權值股的買賣單。」

我回他說：「我也注意到這種現象，明天我們就試試看吧！」

從那天起，期貨當沖我不再看指標，開始注意盤面的變化來決定進出場。現在回想起來，這就是符合人性的操作法──「漲就作多，跌就作空」。

　　每天收盤我們就一起討論今天的行情與作法。在新公司的第一個月我賺了5萬，天才操盤手應該也賺了不少，他總是跟我說：「這裡的風水比較好，之前的公司風水差！」我每次都回他：「這哪有關係！」

　　3個月後結算，我的資金從15萬成長到40萬，而他的資金從25萬成長到80萬，難道──「新公司風水真的比較好？」

Note

第參篇

進階篇

第一章 當沖交易的能力

一位成功的當沖交易，必須具備以下能力：

1. 停損的能力。
2. 放大的能力。
3. 穩定獲利的能力。
4. 復活的能力。
5. 與市場同步的能力。

一、停損的能力

停損在交易的過程中是必然發生的，然而停損基本上是違反人性的，它的表面意義是否定自己的決定，所以主觀意識強烈的交易者在期貨市場上很難成功，因為他們無法接受自己被市場否定。

當沖交易首要之務在於資金的安全性，而停損能夠延長新手當沖客在期貨市場的壽命。停損雖然不是獲利的萬靈丹，卻是保命的救生圈；它不會幫你獲利，但可以助你逃過一死。

新手階段的停損一定要使用固定的停損值，因為使用固定的停損值可以讓交易次數量化，意思是說，你可以用帳戶的資金除以某一個固定的停損值，然後算出可使用的交易次數；另一個用意在於消除交易的恐懼，如果你知道每一次的交易都是固定的金額，你就不會害怕交易。

我建議新手當沖客停損點的設定，從固定的30點開始，也就是給自己一個進場的誤差值。隨著交易經驗的累積，慢慢從原先的30點推進到20點再到10點，然後到最後的階段——「心理停損值」。

　　心理停損值是一種很抽象的概念，在你累積數萬次的交易經驗之後，對盤勢的細微變化，會變得很敏感——也就是所謂的盤感；這時你的停損已經不是固定的停損值，有時賺一點也走，賠一點也平倉，停損不拘泥於一定的形式。

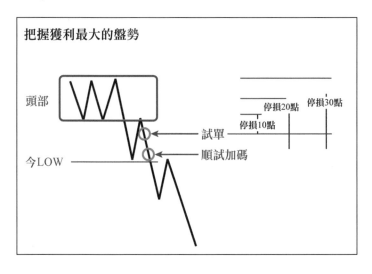

把握獲利最大的盤勢

頭部

今LOW

試單

順試加碼

停損20點　　停損30點

停損10點

二、放大的能力

當沖交易獲利的關鍵在於「順勢加碼」,而加碼部位的大小直接影響到獲利的績效。對於加碼部位的設定,剛開始的時候先以加碼2口的方式,待能夠抓住速度盤的脈動之後,再將口數放大。

> 順勢加碼:試單→加碼→減碼→出場
> (1口小台進場→2口小台再加碼→減碼1口(或2口)小台→小台全部出場)

當你能準確抓住速度盤的脈動,這時獲利的部位會是試單時的三倍,這是當沖交易中的關鍵交易,一次速度盤的成功獲利可以讓你再試單6次以上。

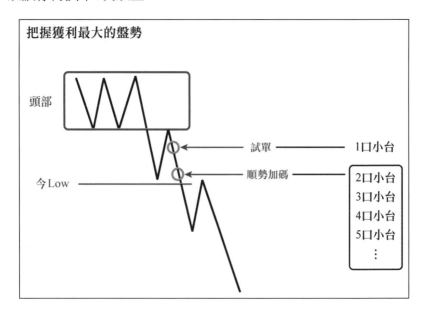

當你對速度盤的把握程度提高時，才能增加加碼部位。因為部位一旦放大，就是資金最危險的時候，只要絲毫的判斷錯誤，就能瞬間損及資金的安全。如果你判斷出錯了，就必須停損，絕不能猶豫，市場是不給你機會的。倘若砍不下手而選擇凹單，只怕這一次的重倉交易就能讓你在期貨市場上畢業。

三、穩定獲利的能力

當沖客的另一個能力，就是每天穩定獲利的能力。一個成功的當沖客，他的帳戶淨值的波動是很穩定的，淨值波動的大小反射出當沖客當下的交易心態。面對詭譎多變的行情，仍然可以做到穩定獲利，才能算是成功的當沖客。

任何事都要從基礎打起，當沖交易也是如此。如同前文所述，剛開始交易時，每天設定的獲利金額一定很小，符合現在的交易階段。不能設定無法達到的目標，若是硬要達成，只怕事倍功半，心急的結果，就是賠錢出場。

以10萬元資金為例，每個階段的獲利目標，可以這麼設定：

* 第一階段：獲利為一次交易的停損值30點，約是1500元(扣除交易成本之後)。

* 第二階段：獲利為二次交易的停損值60點，約是3000元(扣除交易成本之後)。

* 第三階段：獲利為三次交易的停損值90點，約是4500元(扣除交易成本之後)。

　　觀察自己每日交易的狀況，如果連續三個月都達到第一階段的獲利目標，那麼下個月就可以提高到第二階段；而若連續三個月達到第二階段的獲利目標，下個月再提高到第三階段；再連續三個月達成第三階段的獲利目標，則下個月開始就可以用大台交易。

　　訓練穩定獲利的同時，如果帳戶淨值出現異常下滑，這表示：

1. 你現在的交易狀況不佳。
2. 你無法掌握行情的變化。
3. 兩者都有。

　　這時你要退回第一階段，降低獲利目標，藉此重新建立交易信心，等恢復交易信心之後，再回到原來的交易水準。

四、復活的能力

在交易的過程中，一定會碰到很多挫折與困難，這點可以從帳戶的淨值清楚的看出，因為這時候你的淨值一定是從高點一直滑落，透露出你對現在的行情不認同，也表示你一直都在跟行情對作。換句話說，在不斷上漲的行情中，你一直逢高放空，一直停損、凹單甚至攤平；而在不斷下跌的行情中，你一直逢低作多，一直停損、凹單甚至攤平；在盤整的行情中，不斷追高殺低，隨性地進場，胡亂地停損。所以你才會一直賠錢，導致帳戶的淨值持續下滑。

當你的帳戶淨值嚴重滑落至很低的水位時，就會對交易產生恐懼，甚至懷疑自己是否適合這個市場。這時要如何走出這樣的交易困境呢？我的建議是先暫停交易，休息一段時間，然後再出發時把自己當成交易新手，從頭開始！

經過你的努力之後，帳戶淨值的水位會慢慢回升，直到淨值再度創下新高，這個過程就是當沖客復活的能力。在你克服這一次的交易困境後，是否交易從此一路順風呢？答案是否定的！因為下一個挑戰正在等著你，或許你又會失敗，但是有了一次復活的經驗之後，你不再像之前那樣恐懼，這一次復活的時間將會減短——而且是越來越短。

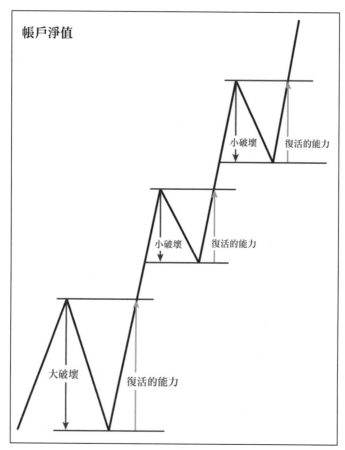

在交易的世界中，瀕臨死亡之後的復活，會讓交易者的交易心境更上一層樓，但是付出的代價不能太大、大到自己無法負荷！

五、與市場同步的能力

當沖交易的終極能力，我稱之為「與市場同步的能力」。這個能力是所有當沖客追求的終極目標，其意義是：不管市場的價格如何波動，當沖客都能從市場中獲利。而獲利金額是由市場波動的大小所決定的，波動大則獲利金額高，波動小則獲利金額低。

我認為要達到這樣的交易境界，天資聰穎者(如楊過者)，至少需要3年以上的交易時間；天資駑鈍(如郭靖者)但是很努力學習者，至少需要5年以上的交易時間；然而會有更多的當沖交易者永遠不可能達到。

⑤什麼是「與市場同步的能力」呢？

簡單而言，就是當價格是多頭走勢時，你的帳戶淨值呈現多頭走勢；當價格是空頭走勢時，你的帳戶淨值也呈現多頭走勢；當價格是區間震盪時，你的帳戶淨值仍然呈現多頭走勢。也就是說，從每日的盈虧與市場的脈動比較，進而調整自己的交易節奏。

用圖形表示，可以更清楚看出來：

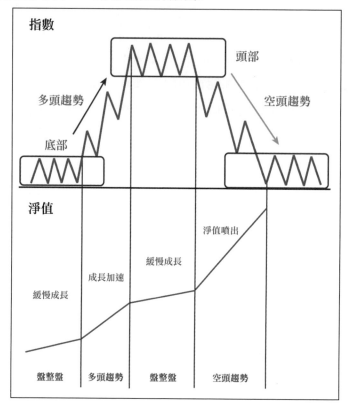

這張圖的意思是說：

1. 當盤整出現時，使用盤整的交易手法會讓淨值小幅成長。

2. 當多頭趨勢出現時，運用多頭的交易技巧會讓淨值大幅成長。

3. 當空頭趨勢出現時，運用空頭的交易技巧會讓淨值噴出。

反過來想，如果有一個交易者：

1. 當盤整出現時，使用追高殺低的交易手法會讓淨值不斷減少。

2. 當多頭趨勢出現時，一直逢高空(一直作空)會讓淨值不斷減少。

3. 當空頭趨勢出現時，一直逢低買(一直作多)會讓淨值迅速減少。

利用帳戶淨值不斷創新高來證明自己的操作是正確的。

操盤手之路(8)　天才操盤手(二)

期貨交易是否需要天分？我認為是的！天才操盤手就是很好的例子。

2004年2月13日，入行2年3個月。從2003年10月開始，我跟天才操盤手開始玩金融期。這也是他告訴我，金融期比台指期好賺。

他說：「你看！只要有大單買國泰金，你就作多金融期，一定會賺錢。」

我說：「是嗎？我觀察看看！」

之後只要看見國泰金敲大單，我們就去作多金融期；那陣子，我們每天都在算我們的金融期單量佔當天成交量的百分之幾。

2004年2月13日那天，金融期一開盤就往上衝。我們當然也是加入多方的行列。才開盤不到半小時，天才操盤手突然跟我說：「○○你看，100萬……」

我說：「現在很忙勒……什麼100萬？」

我轉頭看他的損益：「哇！賺100萬，你是下幾口？」

他說：「一開盤我就給他作多金融期50口！」

我說：「你什麼時候margin有這麼多錢？」

他說：「賺的啊！」

這時，我才賺3萬……

　　幾分鐘後，他說：「好了，今天收工了！」然後就跑到旁邊打PS2，玩「真三國無雙2」。

　　那天收工，我賺了5萬。這時，我才了解我的朋友是操盤天才，他擁有操盤手的特質，沒有人教他如何交易。在他旁邊作單，讓我進步很快（進步的原因應該是每天喝下午茶討論如何做單吧）。

　　我的帳戶有50萬，每個月都要還貸款，2004年1月我總算將貸款還清！

第二章 當沖交易的節奏與型態

　　價格的波動有時會有一定的節奏,當沖交易者為了配合價格波動的節奏,會發展出適合自己的交易節奏。當沖交易的節奏有以下四種:

1. 慢進慢出:交易間距長,持倉時間長。

　　交易間距長會讓當沖客有較多的時間思考如何進出場,屬於當沖交易中,長線的交易方式,適合新手當沖客使用或是當日出現長紅或長黑K棒時使用。

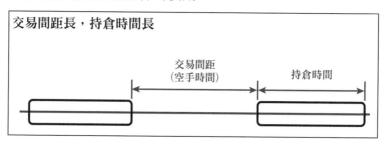

2. 慢進快出:交易間距長,持倉時間短。

　　交易間距長會有更多的時間來等待交易機會。慢進快出的交易方式適用於盤整盤,在行情陷入盤整時是很好用的交易節奏,其重點在於不貪,小賺就走。

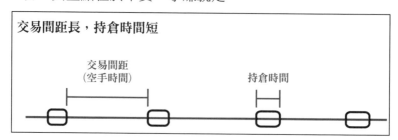

3. 快進慢出：交易間距短，持倉時間長。

   交易間距短的意思是，當沖交易者的反應要非常迅速，通常用於**趨勢重新啟動時**或是**趨勢反轉時**。卡住價格優勢，讓當沖客有本錢看行情。

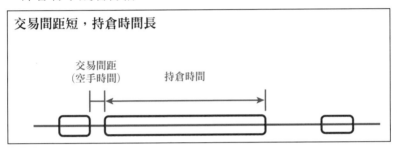

4. 快進快出：交易間距短，持倉時間短。

   使用這種交易方式的當沖客，稱為「搶帽客」。他們將一天的價格波動切成數百段交易，必須具備敏銳的盤感與非常低的手續費，才能如此交易。

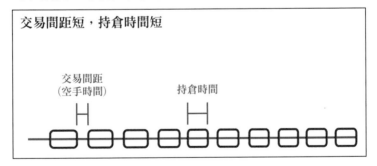

當沖交易根據每日交易的次數與單筆口數，可以區分出以下的交易型態：

1. 神射手：可精確地抓到當天的多空轉折，交易次數少。
2. 機槍手：將一天的價格波動切成數百段，就是所謂的「搶帽客」。
3. 重炮手：在速度盤出現時，瞬間放大數十倍的口數。
4. 混和型：重炮手加機槍手。

　　以上的交易型態，其成功的基礎在於先做到單口穩定獲利。

操盤手之路(9)　生命中的貴人

　　2003年7月的某一個交易日，進入期貨業1年8個月。年初跟天才操盤手一起到新的公司上班，有了天才操盤手參與作單的討論，我開始進入獲利的階段(現在回想起來，那時我對於交易的概念還是相當粗淺)，但是獲利仍然無法支持在台北的生活費，只能一邊盤算著何時才能還掉這筆債務。剛好這時我生命中的貴人出現──認識多年的大哥，願意湊出300萬讓我代操(當時營業員代操是很普遍的，之後也衍生出很多問題)。

　　300萬匯進來的第二天，第一筆單(作多15口大台)，一個小時我就賠掉45萬，剛好買在最高點、回補在最低點。我只記得那時腦中一片空白，冷汗直流，之後的交易時間，我兩眼無神，不知所措。收盤後還是得面對問題，我打了一通電話給大哥，告訴他今天的狀況，大哥叫我不要慌張，見面再聊。

　　見了面，大哥並沒有數落我，只是告訴我，賠錢了，再慢慢賺回來就好。那天我喝得爛醉，一直跟大哥說對不起。這45萬我用整整兩個禮拜才賺回來，但我的交易境界也從此提昇了一層(我自己可以感受得到)。兩年後這個戶頭大概賺了60%左右還給大哥。

　　這45萬是我一天賠最多的金額，不過它卻開啟了交易的另一扇門。

第三章 趨勢、大區間與小區間(狹幅整理)

　　當我們對價格波動的走勢更進一步的分析之後，你將會發現，看似不規律的價格走勢，其實是非常有規律的。價格的波動是由趨勢、大區間與小區間(狹幅整理)互相交錯所組成，從一個區間到另一個區間則是由一個趨勢連接，而區間又有大小之分。如下圖：

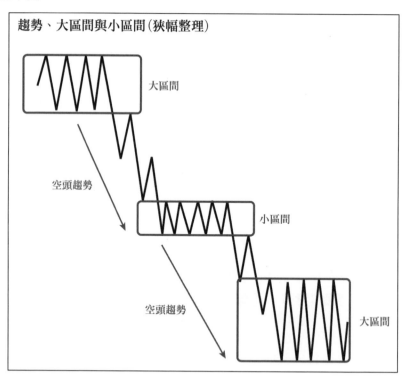

利用價格波動是由趨勢、大區間與小區間（狹幅整理）互相交錯組成的特性，你會發現，趨勢持續一段時間之後就會進入區間整理；而區間整理一段時間之後，就很容易走出一段趨勢。我們可以運用這些價格波動的特性，發展出面對不同價格波動時，對應的操作策略，交易原則是趨勢為先，大區間來回操作，小區間要休息。

1. 趨勢的操作原則就是速度盤的操作原則。

2. 大區間的操作原則就是盤整盤的操作原則，只是新手當沖客只能作單一方向，交易經驗豐富的當沖客才能多空來回作。

3. 至於小區間，當沖交易者就必須選擇休息，但是要如何知道行情陷入狹幅整理呢？我的界定方式很簡單，當你連續虧損3筆交易時，靜下心來看看目前的K線圖，如果價格的高低點小於30點，就是小區間，這時就必須停止交易，不要被盤勢所誘惑，等到波動超過30點後，再決定是否要進場交易。

⑤小區間（狹幅整理）的操作方式→等！

當沖客最怕的，就是行情陷入膠著，價格在小區間震盪。在小區間中，當沖客往往不由自主地被盤勢吸了進去，不斷地追高殺低，不斷地停損，然後失去了耐性，等到行情噴出後，卻不敢去追價，因為停損次數太多，對交易產生恐懼。

為何當沖客會在小區間追高殺低？歸咎原因在於他們想要抓住第一段的噴出行情，而在小區間積極交易的結果，便是導致勝

率急速下降。所謂欲速則不達，面對小區間的波動，交易者要做的就是——「等」。

先對自己做心理建設，說服自己放棄第一段的噴出行情，如此就可以避免在小區間過度交易。等到價格突破狹幅整理的小區間後，伺機在第一段噴出行情後的整理區進場，接著守停損30點（因人而異），等待第二段的噴出行情。

這個方法不僅適用於當沖交易，也適用於30分鐘K、60分鐘K甚至日K線，只是要記得去定義不同週期的小區間高低點的差距。

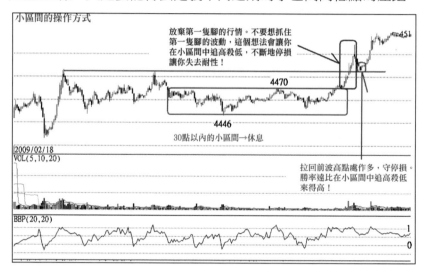

小區間的操作方式

放棄第一隻腳的行情。不要想抓住第一隻腳的波動，這個想法會讓你在小區間中追高殺低，不斷地停損讓你失去耐性！

4470

4446

30點以內的小區間→休息

2009/02/18
VOL(5,10,20)

拉回前波高點處作多，守停損。勝率遠比在小區間中追高殺低來得高！

BBP(20,20)

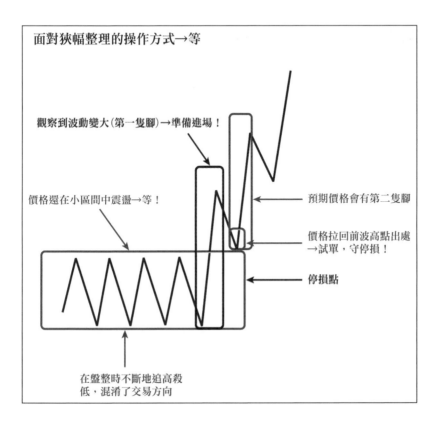

面對狹幅整理的操作方式→等

觀察到波動變大(第一隻腳)→準備進場！

價格還在小區間中震盪→等！

預期價格會有第二隻腳

價格拉回前波高點出處
→試單，守停損！

停損點

在盤整時不斷地追高殺
低，混淆了交易方向

操盤手之路(10)　319槍擊案

2004年3月19日星期五，這天盤中交易時，一直頭痛，身體很不舒服，可是又不像感冒。

我手中除了自己的當沖戶頭與大哥的300萬戶頭，還有公司主管覺得我的操作績效不錯，介紹一個大金主所開的1000萬戶頭。代操的戶頭我使用低風險的OP(選擇權)交易策略(現在回想一點也不安全)，只在現貨收盤後的交易時間(13：30～13：45)作調整，盤中則作自己的當沖。還記得當時我手中有大量sell Put的部位，履約價距離指數約有300～500點，在大多頭的趨勢中，這樣的部位算是相當保守的作多。

現貨收盤後，剩下最後15分鐘的交易時間，我決定將所有的部位平倉，明天要總統大選，讓自己好好休息一下。收盤後，我跟天才操盤手與幾位作單的戰友，照慣例一起去吃午餐與下午茶。下午茶喝到一半，公司就call我們回去，說總統阿扁被槍擊了，目前情況不明。我們還笑著說：「別開玩笑啦，台灣怎麼可能發生這種事！」但是電話那頭講得非常認真，我們急急忙忙回公司，這時摩根下午盤剛要開盤，下午盤一開，摩根就跌了10幾大點。那天下午，所有的期貨公司都非常忙碌。

2004年3月22日星期一盤前，經過星期六、日的政治風暴。我們都預測台指開盤一定跌停板，無法交易，所以我開始掛著要買Put，沒想到OP(選擇權)一開盤，波動率開始狂飆，盤中甚至飆

到90%以上。這是因為sell Put的交易者大量認賠,而手中有台指多單的人,急著buy Put作避險;這是我第一次看到選擇權大量的漲停。

收盤後我稍微試算一下,如果我上一個交易日沒有把sell Put部位平倉的話,會賠多少。沒算還好,算了之後,我直冒冷汗——大概會損失800萬。我才剛從金融世界的地獄中爬出來,也終於將貸款還清,這幾個月也賺了不少,這800萬我怎麼還?還好老天爺給我一次機會,當下我就打電話給金主請他出金,我不再代操。代操不到兩個月,只賺50萬,我不要任何報酬,只請他把錢拿回去!

再一次看到金融市場的可怕,聽說在那一次的風暴中,很多代操的操盤人發生overloss的狀況,然後被金主押走了。現在回想起來心裡真的很毛!我差一點又要畢業一次了!

第四章 拉直與放大

　　當大趨勢出現時，期貨波段交易的獲利必定大於當沖交易；然而一旦盤勢陷入盤局，當沖交易者仍舊可以繼續穩定的獲利，這是因為當沖客具有把行情拉直與放大的能力。

　　這裡介紹當沖交易的兩個觀念：

1. 曲線的拉直

    (1) 新手當沖客在交易技巧未成熟之前，最好只做順勢單，逆勢的操作都要放棄。

    　　先養成順勢交易的習慣，才不會被趨勢(市場)修理。

    (2) 順勢單練熟之後就可以練習逆勢單，也就是短線抓轉折。

    (3) 學會順勢與逆勢操作後，就可以把當日的一分鐘K線拉直，亦即可以用小資金在任何盤勢中穩定獲利。

2. 部位的放大

    當趨勢(速度盤)出現時，將有把握的直線放大到n倍，你的心有多大，n就有多大。但要注意的是，並非每個當沖客都可以承受放大部位的壓力，所以要找出最適合自己的n。

⑤完美的當沖交易

這是評估當沖交易者的一種方式，供大家參考：

如果只用3口當沖單(1口試單，2口加碼單)，將今天的獲利與今日的高低點比較。

1. 完美的當沖交易：如果今天高低點為150點，而你剛好也獲利150點，我稱之為「完美的當沖交易」。

2. 超完美的當沖交易：若獲利超過今天高低點，則我稱為「超完美的當沖交易」，因為你已經成功將一分K線拉直。

操盤手之路(11)　　期貨生涯原是夢，財富來去一場空

2005年3月，我決定再次離職，回故鄉休息，因為我把2003年4月～2004年7月這段時間的獲利又吐了三分之二回去，而行情還在盤整。

在那段波動大的日子，我第一次感受到原來錢這麼好賺，每天開盤我只是順著K棒的顏色交易，等到收盤後都有1～3萬的獲利。於是生活開始揮霍，我自大地認為反正錢花光了，明天再到期貨市場上提款就好了！現在回想，那時的我是多麼地無知……

當一個人長期處於顛峰中，如果沒有自覺，那麼危險只怕明天就會出現。2004年8月的某一天，我起了更大貪念，開始換商品作交易，用選擇權作當沖的工具，單筆都以100口進出。

這一天我作了2000口左右，賠了20幾萬，金額剛好是上個月期貨當沖的獲利，收盤後我才驚覺今天高低點只有70幾點，這種行情如果用期貨交易，我頂多賠個3萬塊就很多了，現在卻賠了20幾萬。

第二天，一股不服輸的倔強之氣油然而生，我仍舊用選擇權作當沖，結果又是以賠7萬收場。期貨交易需要「運氣」嗎？我認為是需要的。很明顯的，我的運勢就從用選擇權作當沖的那一天，開始反轉。之後的半年，我又在期貨世界中載浮載沉，彷彿又回到新手階段的自己──那一個拿起滑鼠，手會發抖、手心會出汗的年輕人，我再度迷失在金融交易的世界中，找不到出路。

行情還在盤整，我等得到大波動來臨嗎？我很徬徨，對於未來我又開始懷疑了……

難道之前的獲利是假的，是不真實的？這一切是夢嗎？

第五章　無數次的小賺小賠＋極少數的大賺＋零大賠

進入當沖交易的世界，我們必須要知道當沖交易可能面臨的結果，而交易的結果就是由小賺小賠與大賺大賠所組成的。

成功的當沖交易＝無數次的小賺小賠＋極少數的大賺＋零大賠，要成為一位獲利穩定的當沖客，必須要從這三個方面訓練起。

1. 無數次的小賺小賠

　　每日的價格波動大部分都是無法預測的，這時候我們只能試單，試單的目的是要讓自己與盤面做連結，說明白一點，就是利用小部位的操作，在不損害資金安全性的前提下，獲取交易經驗。試單的結果都是小賺小賠，並不會對資金造成傷害，也不會有大獲利。

2. 極少數的大賺

　　雖然價格波動大部分是無法預測的，但是當價格出現某種型態時，價格的波動便可以預測，這時候你必須勇於加碼，它很可能只是幾分鐘的噴出行情，卻是當沖交易中最關鍵的，也是當沖客的目的——抓住瞬間噴出的行情！

3. 零大賠

　　當沖客除了要抓住極少數大賺的獲利機會外，還要避免在交易過程中，因為不當的交易心態而造成的大賠。要做到零大賠，必須從平時的試單開始訓練，在平時的當沖交易中，隨時都要檢視自己是否有嚴格執行停損的紀律。當你做到嚴格的停損之後，大賠的厄運就會遠你而去，只要去除大賠的習慣，當沖交易等於是成功了一半。

操盤手之路(12)　休息

　　人生譬如海浪有高潮有低潮，景氣如此，交易更是如此。我知道自己在2005年初的鬥志有如洩氣的氣球，常常緬懷過往的績效，但面對毫無起伏的行情，心裡也知道要回復先前的獲利是不可能的，這是一種無奈。所以我做了重大的決定——暫時離開這個市場，這個環境，並不是逃避而是知所進退，對於一個失意的交易者，這是很好的解決方式。回到故鄉，至少生活開銷減少了，步調也放慢，這段期間我還是持續交易，只是交易節奏放慢，也開始嘗試交易股票。

　　適當的休息是必要的，交易者的工作環境與身心狀態都直接影響交易的績效，持續工作一段時間之後，疲憊與倦勤總是會出現，你必須放鬆自己，才能保持持交易時的活力。

　　身為一個當沖客，別人總認為我的上班時間只有早上8：45到下午1：45，5個小時，但我覺得自己好像一天24小時都在想交易的各種細節；交易的第一年，甚至連作夢中都夢見自己在交易；有時半夜也會起床看美盤，更嚴重的是我因此失眠了半年。在台北工作幾年，實在是身心俱疲！

　　回家後，每當期貨收盤之後，我會去泡湯，消除疲勞，放空自己；傍晚就去跑步或在鄉間騎自行車。

第六章 簡單的交易技巧與正確的交易心態

在金融交易的世界中，交易技巧(交易策略)有千百種，很多交易者學了一種又換過一種，今天學KD，明天學RSI，看到新指標就想去研究，花了數年的時間，學了無數種技術分析，最終還是在交易上栽了觔斗、賠了大錢。這是因為大部分人研究的方向錯了，他們把心思都放在技術分析上，卻不肯花時間多研究一下自己面對交易的心態。我認為交易並沒有什麼高深的學問，只需要簡單的交易技巧，但是交易心態必須正確，方向對了，離成功就不遠了！

⑤簡單的交易技巧

這裡我只使用很簡單的交易技巧：(型態、顏色、停損)

1. 頭部與底部型態

   一個頭部或底部的形成，代表著趨勢的成立。

   空頭趨勢的例子：

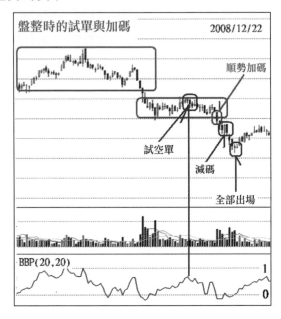

多頭趨勢的例子：

2. K棒顏色

　　K棒顏色代表著趨勢的延續。

　　空頭趨勢的例子：

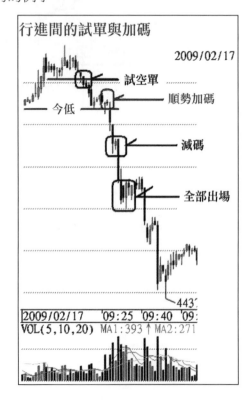

多頭趨勢的例子：

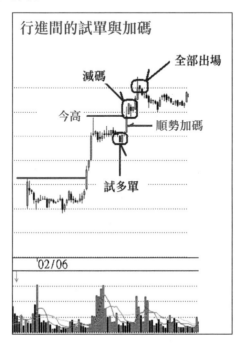

行進間的試單與加碼

全部出場

減碼

今高

順勢加碼

試多單

'02/06

3. 容易防守的停損

容易防守的停損表示嘗試建立試單部位，目的是建立對行情
的看法。

空頭趨勢的例子：

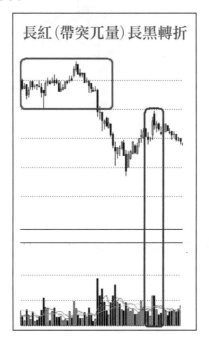

多頭趨勢的例子：

⑤正確的交易心態

　　要培養正確的交易心態，首先要對自己做心理建設，只要有交易就會有輸贏，所以交易者必須要學習如何與虧損共存、如何與獲利共存。面對虧損與獲利的心態，決定一個當沖客的心理素質，而心理素質可以從每日的交易檢討開始，透過帳面淨值的波動狀況，來檢視自己的交易心態，進而慢慢修正，日積月累，便能建立正確的交易心態。

操盤手之路（13）　　期貨自營部

　　錢多有時可以改變價格波動的路徑，但無法改變趨勢。

　　2006年10月，我朋友在自營部當主管，希望我能加入他們團隊。當宅男一年多，日子有些無聊，加上沒玩過大資金，我就答應他的邀請。

　　當初的交易規劃是一部分人主攻，另一部分人防守，而我屬於防守的策略，利用OP賣方做防守。其實我很討厭做賣方策略，因為一旦做久了，交易者會變笨，盤感會變遲鈍，但是都已經答應了，也就不方便推遲。

　　一個人自由慣了，真的就無法適應每天千篇一律的上班生活，每天盤前要開會，盤後要交易檢討，有時要交報告；這些交易上的基本功夫，對剛交易的交易者當然非常重要，只是我已經過了這個時期，勉強做了半年，我還是喜歡當自由人，辭了工作又回家當宅男了！

　　這次的上班經驗，也不全然無收獲，我真正感受到錢多作單的好處。我的朋友交易OP常常利用錢多的優勢，操控波動率，他們可以每一檔位都掛著2000口的虛掛單，總共一萬口，壓著進貨或是拱高出貨（平倉），波動率常常因為這樣的委掛單而上升或下降。我膽子小，這招實在學不會。

　　我問他們：「如果被吃到了怎麼辦？」

　　他們說：「簡單！砍掉就好了！」

　　交易好像在練心臟，賠過100萬之後，賠10萬塊就變得沒感覺；賠過1000萬之後，賠100萬塊也變得沒感覺。我們都是順著勢交易，當多頭強勢的時候，我們就順著氣勢讓多頭更強勢；空頭也是如此。盤中我們都知道到大戶的停損在哪裡，程式單的停損與進場點在哪裡，只要錢多就可以把價格推過去，讓大戶與程式單停損，我們賺取當中的滑價。

　　這兩天期指連續漲停板（2009年5月4日），波動率飆高，當然也是如此！強勢的商品會因為投機客變得更強勢，因為有太多sell call的賣方需要平倉，我們只要在他們平倉之前，將價格拱上去，賣方勢必要以更高價來回補！

Note

第肆篇

心態篇

第一章 交易的期望值

　　交易期貨多年，我觀察幾位在期貨當沖界成功的交易者，發現他們之所以能夠成功，並不是其交易技巧有多高明，而是因為他們能夠控制當下的交易情緒，不被先前的虧損與獲利所影響。反觀絕大多數的期貨當沖客，他們時時刻刻都被先前的虧損與獲利影響著，以致於無法做到穩定獲利或是規避大賠。所謂人非聖賢，所有成功的交易者必定也會遭遇同樣的問題，然而他們經由本身的努力，最終都能控制當下的交易情緒。以下是我提供的幾個控制交易情緒的方法。

　　首先，我們要了解交易為何會影響交易情緒？道理很簡單，因為交易造成期貨帳戶的盈虧，期貨帳戶的盈虧又造成交易情緒的起伏，而交易情緒的起伏造就了交易心態的轉變。所以歸根究柢，我們要找出讓期貨帳戶大幅波動的原因，也就是每筆交易的期望值。

❺每筆交易的期望值：

$$E=W*P+L*(1-P)-A$$

W：每筆交易獲利的點數

L：每筆交易損失的點數

P：交易的勝率

A：交易成本

在交易的過程中，當沖交易者可以控制L，可以透過學習提高P，而W就讓市場決定，A則可以隨著交易者的成功而降低（利用大成交量向期貨商要求更低廉的手續費）。

透過檢視自己每筆交易的期望值，就能洞悉自己的交易情緒與交易心態，並且加以改進，進而邁向成功！

一、過度交易與積極交易

在當沖交易的第一年，我1天的平均交易次數約為5筆左右，而經過8年的當沖交易生涯，現在我每天的交易筆數大概在70～100筆左右，這樣的操作模式並不適合一般的當沖客，不是我不願意教，而是我寫不出來，我只能說，在盤中、在交易的當下，我的心中沒有看法、沒有雜念，我只是很專注地跟著價格在跳動。

如果各位想要學習這樣的交易方式，只怕會更快從期貨市場上畢業。

我用這樣的交易方式會不斷地賺錢，對我而言就叫做「積極交易」；你用這樣的交易方式會不斷地賠錢，對你而言就叫做「過度交易」。

你我之間的差距就在於：

1. 勝率(P)：

   我現在每日交易的筆數約70～100筆左右（一進一出叫做一筆，所以一筆可能是2口，也可能是20口），平均勝率65%；如果將交易次數降至20筆內，則勝率會提高為70～100%。你的勝率比我低，當然會賠錢。

2. 期望值(E)：

在扣除交易成本A之後，每筆交易的期望值：

對我而言，期望值是大於零，當然交易次數愈多賺愈多；對你而言，期望值是遠低於零，當然交易次數愈多賠愈多。

知道問題的癥結之後，各位在學習這樣的交易模式就必須三思，當你的交易勝率(P)低於50%、期望值遠低於零時，面對行情，你要做的是降低交易次數、提高勝率(P)，而不是增加交易次數。要成為一位成功的當沖客，應該多花時間研究自己的交易模式，而不是一味地模仿！

所以我們可以這麼界定：在長期觀察自己的交易狀況後，當你的勝率低於50%，且期望值遠低於零時，每日的交易次數必須要減少，一直訓練到勝率提高為65%以上且期望值大於零時，才能考慮將每日的交易次數提高，否則就是「過度交易」。

二、克服下單的恐懼

只要是當沖交易者，不論新手或老手，都會發生下單的恐懼，這要如何克服呢？就是在交易之前先對自己做心理建設。試想，如果你知道每筆交易最大的損失(L)是30點，那你會對這筆交易產生恐懼嗎？不會！因為你知道自己頂多賠30點，而這30點你賠得起。下單的恐懼來自於不確定的虧損，你會害怕交易是因為不知道會賠多少，當你確定每筆交易的最大損失(L)之後，你將不再恐懼交易！

還有一點需要提醒的是，除了每筆交易的最大損失(L)要控制之外，每天交易的虧損金額也必須要固定，只要虧損超過，當日都要停止交易，不嚴格遵守也會影響交易信心。

三、重大虧損

重大虧損通常發生在當沖交易者凹單、攤平，甚至隨性地重倉過度交易時。這些都是嚴重違反當沖原則的交易行為，因為你讓原本可以預期的每筆交易最大損失(L)變得無法預測，你的交易情緒會開始起伏不定，然後開始不信任自己的交易方式，懷疑自己不適合期貨當沖交易。

因此，當你的每筆交易最大損失(L)是固定的、是可預測的，你的交易情緒就會心如止水而穩定，你的交易心態就會是正確的，交易便能正確地去執行。

總而言之，當你能夠控制每筆交易的最大損失(L)與每天的交易次數時，就可以讓交易情緒趨於穩定，並且做出正確的交易決策，進而提高交易的勝率(P)，只要市場產生波動，每筆交易的期望值(E)便會大於零。

四、再論期望值

⑤每筆交易的期望值：

$$E = W*P + L*(1-P) - A$$

當沖客交易目的：E＞0，如何才能讓E＞0？

1. 控制L到最小：

   當L控制到最小時，就會變成極短線交易，亦即將「停損的能力」發揮到極致，成了所謂的「搶帽客」。

2. 讓W盡量放大

   當你遇到有把握的盤勢時，要適時的放大部位，讓獲利點數大增，遠大於虧損點數，這就是我強調的「放大的能力」，也是所謂的「重炮手」。

3. 提高P

   勝率P的提高必須靠自己去學習，在交易的過程中，累積經驗，尋找適合自己的交易方式，耐心等待交易機會，成為交易的「神射手」。

4. 降低A

   當你當沖交易到某種程度之後，你就會是期貨商眼中的大戶，可以向他們要求比一般交易者更低廉的手續費。

操盤手之路(14) 聚財網

2007年4月22日我開始在聚財網寫文章,一來是生活無聊,二來是想用寫部落格的方式,整理這些年來的交易策略與交易心得。我這麼寫著寫著,應該也有上百篇有關交易技巧與交易心態的文章。寫文章的同時,我無意之間打通了自己的任督二脈。我的交易技巧更上一層樓,最重要的是,我的交易心態在與網友的討論應答中,逐漸更趨健全。此外,也認識幾位期貨當沖的高手,原來除了我的朋友之外,還有另外一群當沖高手,這個期貨市場,不認識的高手還真不少。

聚財網——或者是說理財討論的網站——是一個很好的平台,你的交易策略與想法可以經由網友的討論,更加完善。而從討論的過程中,也能發現自己交易上的盲點,所謂教學相長,由於你無私心的分享,反而讓自己受惠更多,心胸也更開闊,所以我滿鼓勵交易者透過寫部落格的方式,記錄自己的交易心得,不僅可以抒發自己的交易情緒,也能經由與網友的討論,獲得意想不到的效果。

我認為,如果沒有在聚財網發表文章,我的進步將會很緩慢,不會如此神速,畢竟閉門造車,難成大器。

第二章 期貨帳戶的波動

　　交易是一種很簡單的決策，就只有買與賣或多與空。當下這一筆交易與上一筆交易是互不影響、互相獨立的，因為上一筆交易已經結束了，並不會影響當下交易的損益。但是由於交易者本身的情緒，使得原本獨立的交易，產生了連結，不再是獨立的關係，因此，人的情緒是連續的，會影響到交易的獨立性。

　　人的情緒是抽象的感覺，無法量化，在研究分析自己的交易心態時，我們必須尋找科學的數據來量化交易情緒，我們必須要研究，影響交易者情緒的因素有哪些。歸根究柢，最重要的原因就在於帳戶淨值的波動，帳戶淨值的波動大小與方向，直接地影響交易者的情緒與心態。

　　一個成功的當沖客，其帳戶淨值應該

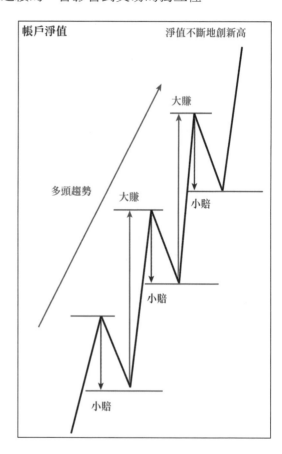

呈現一再創新高的多頭走勢，偶爾會回檔，但很快地又會再創新高。

而一個新手當沖客的帳戶淨值卻是空頭走勢的線型：

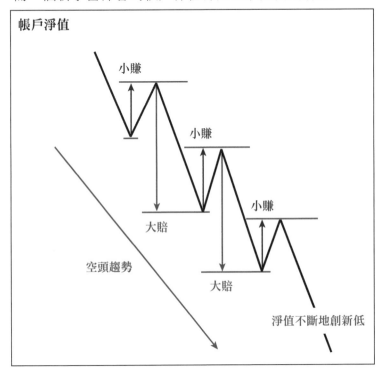

一、成功的當沖客

　　一個成功的當沖客懂得利用自己的帳戶淨值與交易紀錄，來檢視自己的交易心態，他知道為何淨值會持續創新高，也懂得如何讓淨值持續創新高；若遇到淨值停滯不前，他也會放慢腳步，減少交易次數，不像新手當沖客胡亂作單；倘若淨值急速反轉下降，他就會停止交易，讓自己的負面情緒慢慢平復，冷靜地等待下一次的交易機會。

　1. 淨值創新高的階段：
　　一個成功的當沖客，運用放大的能力與穩定獲利的能力，就能讓淨值持續地創新高。有時他會進入「無」的境界，交易節奏與市場同步，心中一片清明，沒有雜念。

Ⓢ「無」的境界：

　　它多，我就多；它空，我就空；它快，我部位就放大；它慢，我部位就縮小。

　2. 淨值創新高後的轉折階段：
　　當自己的帳戶淨值持續創新高之後，有時另一個心魔「貪婪」會出現，「自我膨脹」也會隨之而來了，只要發現這兩種心態出現時，你心裡必須有所警惕，通常這時就是淨值要回檔的前兆。要如何避免呢？我認為不需刻意壓抑自己的七情六慾，反而要學會如何與它共存，它強則我弱，用在實際交易上便是減少交易次數與口數。

3. 淨值回檔的階段：

如同上述的狀況，你的淨值因為貪婪與自大而從高點反轉。在回檔的過程中，每天都要像新手當沖客一般戰戰兢兢，把自己的交易心態反推到最初的狀態，每一天檢視自己的交易，找出回檔的原因。

4. 淨值止跌上揚的階段：

當你找到淨值回檔的原因之後，慢慢修正你的交易心態，淨值會止跌然後開始上揚，直到又再度創新高，這就是前文所說的「復活的能力」。當你用這樣的方式檢視自己的交易時，你會發現交易心態愈來愈正確，淨值回檔的時間愈來愈短，你已經是一位成功的當沖客了！

二、新手當沖客

1. 淨值創新低的階段：

在期貨市場上，新手當沖客面對的是資金雄厚的三大法人與中實戶，還有經驗豐富的期貨高手，只要稍稍犯錯，寶貴的資金就會流入這些人手中，偏偏新手當沖客總是一再犯下同樣的錯誤，就如同前文所說的：

(1) 過度交易

(2) 執行力不足

(3) 凹單與留倉

(4) 攤平

(5) 重倉過度交易

所以新手當沖客初試身手，最後淨值一定是頻創新低。

2. 淨值創新低後的轉折階段：

一般當沖客在淨值頻創新低之後，會開始對期貨交易產生懼怕心理，因為每次交易都是以賠錢收場，這對交易者的交易信心是一種打擊，而且是一再地打擊。這時候，大多數的新手當沖客因此淘汰而離開期貨市場，留下來的交易者則開始反省檢討自己的交易，淨值暫時止跌，有時還會小賺讓淨值小幅彈升。

3. 淨值小反彈的階段：

在淨值重挫之後，只有極少數的當沖客會改變自己的交易策略與轉換交易心態，這是新手當沖客很重要的階段，因為先前失敗的交易經驗太過強烈，一直在交易者的腦海中遲遲無法消去，要克服這樣的心理障礙，只有用許多次的小成功來克服。所謂積沙成塔，小小的成功與小小的獲利會慢慢導正交易心態，有了正確的交易心態，才能讓原本空頭走勢的淨值扭轉成多頭走勢。

4. 淨值小反彈後再次重挫的階段：

可惜的是，能夠有這樣反省能力的新手當沖客終究不多，大多數的交易者總是不斷地犯下同樣的錯誤，淨值不斷創下新低之後，便開始否定當沖交易，認為當沖交易與賭博沒有兩樣，卻不懂得反省與檢討自己的交易心態。試想，當沖交易並沒有隔日跳空的風險，所有的風險都由交易者控制，如何

進場與出場、交易部位大小、交易次數、交易週期、停損金額……，全都掌握在交易者手上；該進場沒進場、該獲利出場不出場、該停損不停損、該試單卻放大部位交易、該放大部位交易卻只是試單、今日停損金額到了卻不認輸，還想繼續交易凹回來……，以上種種交易上的問題，都是交易者本身心態所致，並不能將它怪罪在當沖交易，所以新手當沖客在第一年的交易生涯，要慢慢修正自己的交易心態。

操盤手之路(15)　　我非昔日吳下阿蒙

　　這8年的交易生涯中，我曾經遭遇兩次重大失敗，第一次是2001年11月入行到2002年11月的新手階段，第二次是2004年8月到2005年10月狹幅整理期間。打開2001年到2008年的K線圖，可以很清楚地知道，大波動結束之後，接著就是小波動，再來就是狹幅整理。當年我不懂的持盈保泰，在小波動中硬是想做到先前的績效，不理會老師(市場)的警告，下場就是再度畢業出場 。

　　在第二次失敗之後，我又沉寂一年，這一年中，自我懷疑的聲音又在耳中響起：

　　「難道在期貨市場中，我無法再獲利！？」

　　「難道先前學到的交易技巧已經不再適用！？」

　　我不斷思索交易的本質，終於體認到，即使擁有高超的交易技巧，若沒有健全的交易心態，獲利是不會長久的，始終是要還給市場的！所以我不再研究技術分析、技術指標，也不再研究成功交易者的操作模式，我開始研究自己，研究自己當下的交易心態，面臨虧損時的心態，每天盤後檢視自己的錯誤，跟自己對話！對自己打氣！

　　現在小波動又來了！我知道該如何應對——因為我非昔日吳下阿蒙！

第三章 新手當沖客的第一年

　　不論你是買賣股票或交易期貨，是做波段還是當沖，目的只有一個，就是想賺錢、獲利，然而結果總是事與願違，長期下來通常都是賠錢收場。難道大部分的交易者來到這個市場交易，其實是想賠錢？當然不是！這個金融世界告訴我們，並不是我們想要獲利就可以獲利，你必須付出相當的努力與代價，時間與金錢。對於一個新手當沖客而言，其交易生涯的第一年是很重要的，如果在第一年的交易中能夠少賠一點，那麼第二年、第三年獲利的機會就會越大。在當沖交易的第一年，透過每天的交易，可以更快知道自己在交易上的缺點，並且找出方法改正之。

一、期貨一日，股市一年

　　台指期貨一天的交易時間為5個小時，總共是300分鐘，也就是一天有300根K線，如果把一根一分鐘的K線當成一天的K線，那麼當沖客在一天內看的K線就相當於經歷了一年多的股市行情。當一個新手當沖客順利度過第一年交易，表示他已經看過大約240年的股市行情，他一定經歷過瘋狂的大多頭與大空頭，遇過上下激烈沖洗的震盪盤，當然也會碰到狹幅整理的盤局，在這一年的交易中，心情想必是五味雜陳，有獲利的狂喜，有虧損的沮喪，有時會對盤勢發怒，但更多時候是對自己生氣，有時也會對自己的能力產生懷疑，認為自己並不適合走這條路。當沖交易的第一年，你會失去一部分的金錢還有一年的時間，但是你可以進一步

了解交易的本質，或許還無法看透，但是當你試過之後，你會慢慢了解怎樣的交易方式才適合自己的個性。

有個廣告詞這麼說：「練習一千次，你仍是新手；但練習一萬次、十萬次，你將成為大師。」它告訴我們成功是沒有捷徑的，需要每天練習，當沖交易也是如此。當你看過一年的一分鐘K線圖，你會發現有些盤勢總是一再重複，只要記憶這些重複的盤勢，擬定相對應的交易策略，當沖交易要獲利其實很簡單。我開始交易的第一年，平均每天交易5次，亦即第一年我總共做了5*240＝1200次交易，我從這1200次的交易中，發現自己有許多交易缺點，然後在往後5年的交易中，一個一個改進，慢慢地修正，到了第7年，突然發覺原來當沖交易其實很簡單，就是盤中要能控制自己的情緒。8年過去了，我的交易次數也接近十萬次，盤中很多交易已經變成反射動作。

我並不是鼓勵新手當沖客一開始就努力交易，交易次數的增加是因為交易期望值大於零，所以交易越多獲利愈多，新手當沖客反而要限制交易次數，因為他們的期望值遠低於零，而且交易次數一多，很難每天認真的檢討與反省。每天檢視自己當天的交易才是新手當沖客最重要的功課，找出虧損的原因加以改進，所謂「真積力久則入」，時間一久，很多交易上的問題都會迎刃而解。

二、無盡的循環

新手當沖客最感到無奈的就是，自己的帳戶淨值總是在賠錢、賺錢、賠錢、賺錢中不斷地循環，淨值不但沒有隨著交易增加，反而一直在減少，帳戶沒錢了，就想盡辦法籌錢再入金，對於新手當沖客而言，期貨帳戶就像是一個無底洞，永遠也填不滿。再入金是非常糟糕的資金管理方式，它會把交易者推向金融世界中的無間地獄，一旦墜落就很難再翻身。你要知道，當你的期貨帳戶一直在賠錢時，就是它已經在警告你：你的交易方式錯了需要改進；你的交易心態有偏差需要修正，漠視賠錢的結果，就是輸光帳戶中的資金，若你還是不知檢討，繼續入金交易，最後就會走向破產一途。

三、停止交易

在交易的第一年，新手當沖客會遇到許多交易上的問題，其中最簡單、最有效的解決方式就是停止交易。新手當沖客往往會迷失在期貨世界，不知自己身處何處，明明盤前規劃要作多，開盤後卻不知所以地放空；明明停損已經點到了，卻心存僥倖想要凹回來，結果只是賠更多。很多時候，新手當沖客會不由自主的交易，這些交易並不是按照自己的進場訊號而交易，只是為了交易而交易，只是想要滿足自己的交易衝動。當你發生連續虧損或是嚴重虧損，進而影響你的交易情緒時，最好停止交易；當你發現自己又在胡亂作單時，最好的解決方式也是停止交易，停止交

易會讓交易者有時間喘息，有時間檢討先前交易的錯誤，可以讓交易情緒慢慢趨於穩定。要記住，市場不會因為你的不交易而停擺，它仍舊會持續運作下去，你只是期貨市場中短暫的過客，所以你也不必為了失去交易機會而惋惜，市場永遠存在著，就怕你沒本事進場交易。停止交易之後，離開盤面一陣子，當你再回來交易時，你會發現自己似乎進步了，慢慢可以解讀盤面的訊息，做出更正確的交易決策。

四、交易的惡魔

所有的交易者來到這個金融世界中，不管是作股票還是期貨，交易週期是短線還是長線，他們唯一的目的就是賺錢。可是真的是這樣嗎？這些年來我在市場上發現一個很奇怪的現象，其實大多數交易者內心所渴望的竟是賠錢！

「你是否早盤賺錢後，不肯休息，繼續作單，直到把今天的獲利完全吐回去，甚至賠錢，才悻悻然地停止交易？」

「你是否早盤賠錢後，繼續交易，直到賠更多才願意停手？」

這就是交易上的惡魔！

不管是賺錢、賠錢，他(交易上的惡魔)都會不斷地驅使你繼續交易，直到他的目的(賠錢)達到才願意放過你，然後明天再來折磨你！！

只要他存在的一天，交易者就無法跳脫賠錢的宿命。

　　所以在交易的第一年，你要跟交易的惡魔搏鬥，不要讓他的目的(賠錢)得逞，也就是，每天都要以賺錢來結束當天的交易！

五、穩定獲利的當沖客

　　關於當沖交易停利太早的問題，曾經我為了要找出「掌握最大獲利」的方法，不斷地嘗試新的交易策略，但是我每試一次新的方法，我的交易方式就隨之改變，所以通常都是賠錢收場，之後我又重回能夠讓我賺錢的交易模式。過了這麼多年，我才了解，原來我早就找到「交易的聖杯」，就是我最初的交易模式，也是我現在的交易方式，更是我在書中所介紹的交易方式。

　　短線交易(當沖客)的重點並不在於一次交易能賺多少，而是在於每天都要獲利，所謂「積沙成塔」、「積少成多」，如果遇到有把握的盤就多賺一點(空頭速度盤)。行情每天都有，不能因為錯失一次大行情就很失意，面對行情，保持平常心才是最重要的。要記住，想要每個月賺錢的前提就是每個星期都賺錢，想要每個星期賺錢的前提就是每天都賺錢，當然每天獲利的金額可以視自己的狀況而定，例如：

每天獲利5000元就適時停單，除非遇到你有把握的盤。

每天獲利1萬元就適時停單，除非遇到你有把握的盤。

　　當然新手當沖客的第一年是不可能每天都賺錢，但是你可以把時間拉長，設定以每個星期都能獲利為目標，當你可以達到之後再把天數縮短，時間一久，你將會發現賺錢的天數變多了，賠錢的天數減少了。

六、與心魔共存

貪婪與恐懼是交易者的兩大心魔，很多人想要將他們從心中根除，我也曾嘗試過很多方式，可是當你越是反抗，心魔就越強烈。隨著交易經驗的累積，我知道要將他們根除是不可能的，因為他們是人性的一部分，所以我開始試著與心魔共存，「它強我弱，它弱我強」，當心中的貪念與恐懼出現並逐漸強烈時，我會放慢腳步甚至停止交易。

七、不輸＋時間＝一定贏

「不輸＋時間＝一定贏」是我在聚財網的專欄名稱，用來勉勵我自己。任何的交易都是一樣，都會面對小輸小贏、大賺大賠，當沖交易也是，在交易時，我們只要規避大賠的風險，隨著時間慢慢經過，累積了許多小贏，有時候遇到自己熟悉的盤面，就可以大賺一筆，日子一久，帳戶裡的資金就會不斷穩定地增加，交易經驗也愈來愈豐富，最後當然一定贏。

新手當沖客只要做到零大賠，就可以安全度過第一年交易，但是在實務上是不可能零大賠的，只能要求自己，每當交易出現重大虧損時，要虛心檢討，記取這次交易的教訓，下次不能再犯同樣的錯誤！

八、看法與作法

2009年初，美股頻頻下跌甚至破底，我也跟大部分交易者一樣，看空台股，如果要寫一篇盤後分析文章，我可以寫出千萬個看空台股的理由，但是這麼多年的交易生涯，我卻經歷過無數次將前一天的看法落實到隔日的盤勢上，結果反而慘遭市場踐躪，至此之後，我已經學會——「看法是看法」，我對盤勢的看法，只是你我之間收盤後的討論、下午茶閒聊的話題，一旦明天8：45分開盤後，我只會隨著價格波動起舞，昨天的多空言論，在當下的交易中，我早就忘得一乾二淨。所以我常常看空作多或是看多作空，這是因為我只做當下會賺錢的交易！

聚財網的朋友問我，為何我很少寫對盤勢的看法或是預測？我的答案很簡單，因為洋洋灑灑寫了一大堆，我根本不會照著我寫的劇本走，而是照著市場的劇本走，既然如此，那幹嘛寫這麼多呢？當做茶餘飯後的話題就好了！

九、知易行難

當你看完這本書之後，你會發現書中使用的交易技巧很簡單，就只是「頭部形成後，找壓力點試空單，接近前低時加碼，隨後分批出場平倉」；「底部形成後，找支撐點試多單，接近前高時加碼，隨後分批出場平倉」，但是當你實際執行後，你會發現真的很難。真的很難嗎？不是的！是你的心把簡單的交易變困難了，所以我常說當沖交易是在「練心」，透過交易來修正自己的交易心態！

十、非走不可的彎路

《作手》是我最喜歡的一本書，在新版的書中，結尾節錄了張愛玲的一篇文章「非走不可的彎路」，與大家共享。

在青春的路口，曾經有那麼一條小路若隱若現，召喚著我。

母親攔住我：「那條路走不得。」

我不信。

「我就是從那條路走過來的，你還有什麼不信？」

「既然你能從那條路走過來，我為什麼不能？」

「我不想讓你走彎路。」

「但是我喜歡，而且我不怕。」

母親心疼地看我好久，然後嘆口氣：「好吧，你這個倔強的孩子，那條路很難走，一路小心！」

上路後，我發現母親沒有騙我，那的確是條彎路，我碰壁，摔跟頭，有時碰得頭破血流，但我不停地走，終於走過來了。

坐下來喘息的時候，我看見一個朋友，自然很年輕，正站在我當年的路口，我忍不住喊：「那條路走不得。」

她不信。

「我母親就是從那條路走過來的，我也是。」

「既然你們都可以從那條路走過來，我為什麼不能？」

「我不想讓你走同樣的彎路。」

「但是我喜歡。」

我看了看她，看了看自己，然後笑了：「一路小心。」

我很感激她，她讓我發現自己不再年輕，已經開始扮演「過來人」的角色，同時患有「過來人」常患的「攔路癖」。

在人生的路上，有一條路每個人非走不可，那就是年輕時候的彎路。不摔跟頭，不碰壁，不碰個頭破血流，怎能煉出鋼筋鐵骨，怎能長大呢？

當沖交易是條艱辛的道路，當中的心情起伏只有當事者才能體會，如果還有機會選擇的話，我不會再選擇這條路，因為為了走下去，我付出許多代價，虛度了自己的黃金歲月，換來的只有金錢。

操盤手之路(16)　成功的背後，除了努力還是努力

我相信在某些專業領域成功的人，一定付出非常多的時間與精力，才得以成就現在的成功。而在交易的世界中想要成功，還要多一份金錢。

筆者在期貨當沖方面也算是小成功，而這個過程現在想到還是會難過，因為我認為我付出太多代價。如果在學習的時候，有個精神導師告訴我交易的艱辛，或許我不會走這麼多的冤枉路！

還記得剛入行的時候，坐旁邊的操盤大哥，總是在盤中翻著他以前做的盤勢筆記。有一天收盤，我偷偷地看他桌下的筆記，總共有兩大箱用A4紙列印好的江波圖，裡面寫滿了他對交易的作法與看法。看了之後，自己想：「我也應該做自己的交易筆記。」就這樣，我開始在每天收盤後列印出K線圖，東畫西畫的。一開始也沒人教，就畫KD交叉的買賣點或是大量區的價位點——總之就是隨性的亂畫一通。經過一年的摸索，我才固定用30分K線圖看趨勢，用一分K線圖找買賣點。

每天收盤後，我會列印出30分K線圖與一分K線圖，然後開始畫線。就這樣我整整畫了五年，直到有一天突發奇想，既然都要畫線，為何不在盤中就即時畫上去？所以現在作單，我不再做盤後交易檢討，而是盤中就在做檢討了！

我想這也是我會進步的原因吧！

第伍篇

交易雜記

超級賽亞人

賽亞人，日本漫畫家鳥山明名作《七龍珠》中主角孫悟空所屬的人種，其最大特徵是有尾巴、看見滿月時會巨大化、純種賽亞人的髮色、髮型自出生便為黑色並固定不變，為天生的戰鬥民族。

超級賽亞人1

傳說中每一千年才出現的超級戰士。但於《七龍珠Z》故事後期開始，幾乎所有登場的賽亞人都可以變成超級賽亞人。第一階段就是超級賽亞人變身後的基本狀態，頭髮豎起變成金色，瞳孔變成綠色，周身發出金光，興奮好戰。

超級賽亞人2

又稱為「超越超級賽亞人」的型態，變身後頭髮會更加挺直，且身體周圍會出現明顯電磁狀能量。第二階段的身體狀態和第一階段一樣，但透過長時間變身讓身體習慣超級賽亞人狀態，會在作戰時發揮更大的威力。

超級賽亞人3

第三階段的超級賽亞人會出現進一步變化，頭髮變長變多、眉毛消失、瞳孔分出內外環，身體周圍的光線也比第二階段強烈許多，且消耗能量巨大，無法持續很久。

超級賽亞人4

七龍珠GT中出現的賽亞人最終型態，首次變身前需歷經變化大猩猩的過程，變身後頭髮會恢復成最初的黑色，尾巴會長出來，除雙掌、胸前及腹部位置外，軀幹上長滿紅色毛髮，身體周圍的光芒與電磁消失。GT篇的小悟空變身成超級賽亞人4時會回復大人的型態，據說是因為超級賽亞人4的力量足以蓋過神龍，於是便能變回成人。

當沖客就像是《七龍珠》中的賽亞人，是天生好戰的種族，是為了交易而活，為了交易而生，到底是trade for a living還是live to trade？我也搞不清楚！但在交易世界這個艱辛的環境裡，身為賽亞人是無法生存的，變身成超級賽亞人1是你的第一目標，如此才能在交易的世界中活下去！

8年前（2001年）由於交易系統的限制，我們只能電話下單或是使用步驟繁雜的網路下單，那時的超級賽亞人1（的確是一千年才會出現）用的卻是key-in美眉下單，嘴巴喊出來便可以下單，當然是比我們快阿！

然而今非昔比，由於交易系統的進步、交易成本（期交稅與手續費）的降低與快速的網路下單環境，每個交易世界中的賽亞人都有機會成為超級賽亞人1，不用再等一千年！

筆者現在是超級賽亞人2，偶爾可以變身成超級賽亞人3，超級賽亞人4則是我現階段的目標。

超級賽亞人再進化

《七龍珠》中的賽亞人有一種能力——死了之後又復活，則戰鬥能力會倍增。當然這是漫畫劇情中的設定，如果場景換成交易世界，當沖客出現重大虧損，以致於退出市場，我們也可以當成是在交易世界中死亡，但是當你又入金回到交易世界中，是否真能像《七龍珠》中的賽亞人一樣，戰鬥能力倍增？那就不一定了！

在交易世界中死亡，表示你現階段的交易模式與資金管理方法是不對的，所以必須再修煉；尚未在交易世界復活之前，你必須找出交易失敗的癥結，重新擬定交易計劃，對自己做心理建設，待準備充足了之後，才能在交易世界中重新復活，如此你的戰鬥能力才能倍增！否則只會一再地在交易世界中死亡！

身為一位當沖客，我們必須知道哪些能力可以再進化，筆者在本書中歸納出五個當沖交易的能力(這是我多年的當沖交易經驗所領悟到的)，其中最難的就是「與市場同步的能力」，因為這是五個當沖交易能力中，唯一無法用數據量化的能力，想要擁有，恐怕需要個人天份與大量的交易經驗。所以說進化可能是漸進式的進化也可能是跳躍式的進化，端看個人的資質與努力。

當沖交易就像online game

　　如果有一個online game叫做「當沖交易」，遊戲的目的是讓自己的帳戶淨值增加，而且越多越好，你可以假想帳戶淨值就是online game中的經驗值及血條，當你獲利時會增加經驗值，虧損時則會失血。期貨市場中的「空頭速度盤」與「多頭速度盤」是遊戲中的大魔王，「軋空盤」與「殺多盤」是小魔王，盤整盤是小嘍囉；玩家只有「倚天劍」(作多)與「屠龍刀」(放空)，交易部位的大小就是「內功」。遊戲規則如下：

1. 當你用「內功」使出「屠龍刀」(放空)對付「空頭速度盤」時，你的經驗值(帳戶淨值)會大量且快速地增加；但如果使用的是「倚天劍」(作多)，就會大量失血。

2. 當你用「內功」使出「倚天劍」(作多)對付「多頭速度盤」時，你的經驗值(帳戶淨值)會大量且快速地增加；如果使用的是「屠龍刀」(放空)，就會大量失血。

　　以上是玩家的兩大絕招，只要不使出「內功」(放大交易部位)，就不叫大絕招！

　　平時的招式是不用「內功」的，因為使用「內功」會讓玩家精疲力竭，所以平時的經驗值會增加得比較慢。

　　每個玩家的起始值都是10萬元，當這10萬元賠光之後，又有10萬元可以交易，亦即你有無限的資金可以玩這個online game，相信玩了一年之後，每一個玩家都可以成為「當沖高手」。這是

因為你把它當成遊戲，它不會影響你的經濟生活，所以你是用很輕鬆的態度面對它，玩了一年之後，你將會有豐富的交易經驗。

上述的比喻，說明了現在新崛起的當沖高手有年輕化的傾向。在網路遊戲蓬勃的今天，很多年輕人從小就開始玩game，練就了絕佳的反應能力，當他們把交易心態轉換成玩game時的輕鬆態度後，很容易就可以在當沖交易上獲得成功。期貨帳戶的淨值對他們而言，只是一個會跳動的數字，一個遊戲中的經驗值，只有出金才算是真正的金錢，收盤後，他們又回到真實的人生！

一夜致富的迷思

在期貨界交易一段時間後，常聽到一些傳奇故事——某些人趁「勢」而起，一夜之間成為百萬、千萬富翁。台灣社會的媒體業如此發達，有些故事經過媒體渲染——就像期貨天王張松允將二十萬變成十億的故事，讓一般市井小民也興起「有為者亦若是」的念頭。但我必須沉重的提醒有志在期貨交易成功的人：絕對不要有一夜致富的想法，這是惡魔之吻！

人類的記憶是有選擇性的，大腦會挑選想要的資訊，然後牢牢的放在記憶最深處；如果你不常反省、檢討，它就會內化成為身體的一部分，讓你開始不斷重蹈覆轍，將偶爾一次的大賺當作常態，最後使你走上失敗的不歸路。這些一夜致富的傳奇中，有太多你我無法得知的細節，如他的交易原則？交易紀律？是運氣好，還是抓對趨勢？是重倉交易或是順勢加碼？最重要的是：這次交易的資金佔他總資金的多少？如果你是全部家都壓在一次交易，那不是投資或投機，而是爛賭。

曾經有網友問過我關於太早停利的問題。其實我也跟大家一樣，會因為太早停利出場，導致一大段的利潤平空消失。以前，我認為這樣不對，也想找出「掌握較大獲利」的方法，但每一次我嘗試新的方法，便意味著要改變我的交易模式，連帶也改變我的心態，所以通常都是賠錢收場。於是我才瞭解，若不是我的境界未到，就是交易模式不符合我的個性，所以我又回到能夠賺錢的交易模式。

　　一夜致富和太早停利是同樣的問題，都牽涉到交易系統的目標設定：你的交易目標是每天穩定獲利或是久久才賺一筆大的。如果你想要一夜致富，那你必須耐心等待交易時機——它可能三、五年才會出現一次——在大循環的底部勇敢進場；你要有足夠的資金，因為底部不會一次形成，它會反覆盤底，折磨你的信心和資金；若一個不小心，你也會被洗出場。最後，你還得保持冷靜，在眾人狂熱時出場。想一夜致富，先想想你做得到嗎？

　　短線交易（當沖客）的重點並不是一次交易能賺多少（賺得太多反而容易讓你產生錯誤的交易心態），重點在於每天都要獲利，以積沙成塔、積少成多（遇到有把握的盤就多賺一點）的方式累積成功。太早停利又如何？是不是賺錢呢？是就好了嗎？行情每天都有，不需要因為錯失一次大行情而感到失意，面對行情時，保持平常心、堅守交易紀律才是最重要的。

記住：
想要每個月賺錢，前提是每個星期都賺錢。
想要每個星期賺錢，前提是每天都賺錢。

　　過了這麼多年，我才漸漸了解，原來我早就找到了「交易的聖杯」——我最初的交易模式，也是我現在的交易方式，也是我在網上所發表的交易方式。

明天與無常誰先到

　　休息許久，有一段時間未在聚網上發文，經過這次全球股市崩跌的洗禮，相信所有的交易者都了解到「資金管理」才是交易中最重要的一環。

　　凡‧沙普博士(Van K. Tharp Ph.D)在其著作《交易‧創造自己的聖盃》中曾提到打雪仗的故事：設想我們在和市場打雪仗，我們用資金建構一道雪牆來保護自己，雪牆愈大、愈厚，我們愈不容易被市場打倒；相反的，若雪牆太小，那就很難保護我們。這次的金融風暴就像市場向全世界的銀行丟了一顆無人能擋的超級大雪球，撞倒所有的雪牆，所有人無一倖免，通通被打倒出場，這是出乎所有人意料之外的事，也就是無常。

　　在交易世界中，我們日復一日的交易，規劃著明天的行情，竭盡所能地想要從市場上賺錢，但是誰有預卜先知的能力，告訴我明天會漲、會跌、漲多少、跌多少？沒有人做得到！我們唯一可以掌控的事情是：我能承受多大的風險！

　　這就是我選擇當沖交易的原因，為的就是可以規避「明天與無常的風險」。我不貪心，每天只取一瓢水來飲，所以我也不要一次就虧掉20%、30%甚至50%的資金。你可以說我膽小或者缺乏企圖心，但我每天都可以安安穩穩的睡覺，領取固定的薪水，這才是我想要的！

　　我有個國中同學，有幾年投資股票的經驗，人也很聰明，在短短的四個月內就賠光了第一筆資金，大約50萬元，後來他痛定思痛，買了一堆投資書籍，什麼千奇百怪的技巧都拿來分析、比較（就是忘了我這個成功交易者），再次進入市場，的確有進步一點，這次撐了六個月才被抬出場，又賠光了50萬。

　　然後，他想起我這個老同學、好兄弟和成功的交易者，我們一起整理他過去的交易紀錄，明顯展現他的交易缺失：

低於零的期望值，交易次數愈多，虧損愈多。

凹單不停損，交易的最大虧損遠大於最大獲利。

獲利不停單，早盤賺的錢總在收盤時還給市場。

　　研究市場或技術分析不如研究自己，「明天」與「無常」都是你我無法控制的，唯一能掌控的只有自己。你若問我，明天與無常哪個先到？我告訴你：他們一定會到，只是你準備好了沒？

　　對了！哪個會先到？到了記得叫我！

停損？停利？移轉你的心！

在部落格中，我不斷強調「停損」是蹲馬步的功夫，最基本也最具威力；蹲得愈久、功夫愈深，成功也就唾手可得。相信很多人有這樣的經驗，當價格靠近你的停損點時，你的心情變得無比沉重，莫可名狀的壓力如海浪般一波接著一波向你襲來，身體變得僵硬，肩、頸、背痛得連成一線；當價格突破你的停損點時，你決定不停損，因為你有信心，它一定會回到你的成本，甚至讓你獲利。於是，你身體放鬆了，心情也不那麼緊張了。

結局不是我想強調的，因為失敗是必然的；我想強調的是在你決定不停損的一剎那，你已經將主控權還給市場，讓它決定你的生死（盈虧）。你之所以感到輕鬆，是因為你認輸了，就像戰鬥中落敗一方的野獸，有時會露出喉嚨表示臣服，祈求戰勝一方的憐憫；有時候市場會可憐你，但大多時候市場會直接抬你出場。

其實，你應該把每一筆（記得是每一筆）交易當作人生中的一場賭局。你有時候贏，有時候輸，一筆交易同時存在輸贏的結果，而你的角色只是確認結果，贏了，讓市場決定你的獲利；輸了，就輸賭注（停損的點數）。輸贏都只是賭局的一部分。

有些簡單的事，其實並不簡單，要深入細節去研究才會發現箇中奧妙。當你停損出場時，表面上看來你是輸了（你也確實輸了賭注），不過你拿回主控權，現在你可以再一次決定要不要進場、何時進場、多大的部位進場，這種感覺不是很美妙嗎？所以，

高手總是很快的停損，享受這種美妙的感覺，像我已不再拘泥點
數，只要感覺不對就砍倉。

停利的作法是設定每天的獲利目標，達成目標就停止交易。
這不是怯戰或向市場認輸，而是保持優勢的作法。記得嗎？我們
無法長期打敗市場，但卻可以將打敗市場時的心情保存在心中。
雖然每筆交易都是獨立的，但我們的情緒會連貫；今天的美好記
憶會讓你明天的交易更順手、更容易獲利。

停損，拿回你的主控權；停利，保持你的交易優勢。你的境
界會更上一層樓。

鍛鍊、斷念

　　筆者自2007/10/14日開始，在聚財網的部落格寫下「當沖交易的秘訣」一系列文章，這些文章都是根據我這幾年來的交易經驗，在有意、無意間整理出來的方法。

　　我的戰友跟我說，我透露太多關於交易的秘密，這會為我們製造許多未來的對手。

　　我說：「就算公開我所有的交易技巧，能夠成功的還是僅有1％，甚至更少，因為要能克服心魔的交易者才能到達成功的彼岸，而這個過程需要時間與行情的淬鍊，它可能需要一年、二年、五年……，甚至一輩子都無法完成。」著名的「海龜計畫」的發起人理察‧丹尼斯(Richard Dennis)也曾如是說。

　　每一個人都能成功，但一個成功的人必定經歷過無數的考驗。孟子曰：「天將降大任於斯人也，必先苦其心志、勞其筋骨、餓其體膚、空乏其身，行拂亂其所為，所以動心忍性，曾益其所不能。」交易更是如此，所以要不停地鍛鍊自己的交易技巧。在我到達成功之前，也曾窮苦潦倒、萬念俱灰，認為自己不適合交易，但我從不曾放棄鍛鍊自己的交易技巧。

　　然而，交易要成功不但要鍛鍊交易技巧，更要斷了自己的雜念，才能更上一層樓。從前，我要等待對我有利的盤勢，「借力使力」才能從市場中賺錢；後來，我已可以每天穩定的從市場拿回我的錢，雖然有時還是會賠錢，特別是盤整的時候。經過這一

年多的時間，突然發現，我在盤中交易時並沒有作多、作空、賺錢、賠錢的念頭，漲了，我就追；跌了，我就殺；獲利就加碼；虧損就平倉。

禪宗六祖惠能大師說偈：「菩提本無樹，明鏡亦非臺，本來無一物，何處惹塵埃。」原來，真的可以做到「斷念」的境界。

很多人會感到疑惑，我們來到市場交易，目的就是想賺錢，卻又要斷了賺錢的念頭，這不是很矛盾嗎？這就是市場殘酷也有趣的地方，你愈是在乎，它愈不給你；你愈不想要的，它卻拼命塞給你。當你只注意獲利時，你的心就被蒙蔽了，看不到危險，因此市場會讓你以賠錢收場；如果你不要有任何想法，單純的遵守簡單的原則──控制風險，市場就會給你豐厚的獎勵。

從鍛鍊到斷念，可是一條迢迢長路。

地球很危險，快回火星去吧！

周星馳的電影雖然搞笑，但狂笑之餘卻也常領悟到一些生命的哲理。我很喜歡他的《齊天大聖東遊記》、《齊天大聖西遊記》、《食神》和《鹿鼎記》，而《少林足球》是他沈寂幾年後，重新再出發的代表作，片中不改星爺搞笑和將女明星搞得跟如花一樣醜的橋段。劇中的少林足球隊在敵手以禁藥改造體能後，已呈現全隊潰敗的跡象，而當少林隊因缺人將被判定輸掉比賽時，趙薇卻理了一顆大光頭現身，拯救球隊。劇中經典的對白：「地球很危險，快回火星去吧！」

當時，我內心一陣激動——是的，「市場很危險，快回你的世界去吧！」

在世俗的眼中，我算是無業遊民；人們問起我的職業，總會令我不知該如何回答。我沒有固定收入，也沒有固定資產，買房子、辦貸款，總是得多費一番唇舌才能讓銀行相信我會按時繳款。收盤後，想找個朋友聊聊、分享心中的悲喜，找得到誰呢？大家都在上班、工作。就算聊天，也沒有人能了解我內心真正的感受。

交易時內心承受莫大的壓力，有時還要背負龐大的虧損，收盤後卻有話無處說。當初若沒走進當沖這個行業，在銀行界、投信界跟大家一樣乖乖的工作、等升職，現在至少也是個經理級的人物，養家活口也不成問題。若不是熱愛交易，真的很難撐過

那段貧苦交集、吃稀飯配醬瓜的日子。回頭想想，這條路真不好走，最好還是不要進來。

佛羅倫斯有個國王，窮其一生在探索生命的意義，卻始終得不到答案。於是啟程尋找一位半人半馬的先知；先知不想回答他的問題，四處躲藏。終於有一天，先知躲無可躲，被國王找到了。國王問：「先知，請你告訴我，人活著的意義是什麼？」先知回答：「愚蠢的人類，人最好的事是不要出生，第二好的事是趕快去死。」留下一臉錯愕的國王，揚長而去。

「至理之中無一物可廢；人心之中無一念可除。貪懼之念苟本無邪，安從而有；苟本有邪，安得而無？」貪婪與恐懼雖無法消除，一般人卻不必天天面對它們，與之掙扎、搏鬥；而我得在每天的交易中，絞盡腦汁，使出渾身解數才能僥倖獲得微薄的報酬。而明天，一切又重新再來一遍。

真的，地球很危險，快回火星去吧！

沒有人能打敗市場

金融風暴以前，連動債風靡一時，當時的宣傳口號說：每年可領回8%～12%的獲利，零風險，絕對打敗定存。誰知道「明天」竟和「無常」攜手一起來臨，導致許多希望打敗定存的退休族血本無歸，得重新回到職場工作，甚至連世界級的投資銀行也在這場世紀風暴中倒閉。至今，仍無人能完完全全的解釋清楚，風暴形成的原因是什麼？

在我們生存的宇宙，本來就有許許多多你我無法解釋的神秘事件，其實你也不需要了解，只要記得古老的諺語：「沒有人能打敗市場。」

資本主義源自歐洲，發展了幾百年，但是從所謂的共同基金的績效評比就可以知道，沒有人能打敗市場，所有的基金績效都是以當年股價指數的漲跌幅作為基準，比它高的評比等級就高，所以它是採相對式而不是絕對的。也就是說，今年世界指數如果跌20%，而你的基金只跌13%，恭喜你買到一檔好基金，只是今年賠13%；如果有人的績效能長期打敗指數，那會被稱為神，例如華倫‧巴菲特。

當沖交易也是如此，你每天進進出出做了幾十筆交易，算算看你的獲利點數有沒有比當天指數的高低震幅多，再扣掉手續費和期交稅，長期下來，沒人能打敗市場。

既然如此，為什麼總有人想交易期貨呢？

　　讓我來問各位一個問題：為什麼要打敗市場？你想證明你比市場厲害嗎？或是你想滿足控制市場的慾望，讓它隨著你多而多，隨著你空而空？傑西‧李佛摩的回憶錄是所有交易者必讀的典藉，他曾經是佛也是魔，掌握股市「一時」的起落漲跌，那時的他意氣風發、不可一世，結果呢？還不是將所有的錢還給市場，最後連命也賠了進去。

　　電影「鬼計神偷」中，勞勃‧狄尼洛飾演一位傳奇的神偷，他對充滿企圖心、也想成為傳奇的新手愛德華‧諾頓說：「把你想要的東西寫在一張清單上，用25年的時間完成它，你就是傳奇！」

　　你就是一個小宇宙，你要在意的是如何不斷精進自己的交易技巧、提昇交易境界，每天看看自己的銀行帳戶是不是持續增加，市場是漲、是跌、是多、是空，與你有何相干！

邪惡的陷阱

我曾在之前的文章提到過，大腦是會選擇性記憶的，它只記得你想記住的資訊而排除不好的回憶。有什麼比虧損的記憶更痛苦呢？現在，讓我們再來談談「小數法則」。當你在研究圖表型態或技術分析時，是否時時刻刻提醒自己要保持中立的態度解讀所有的資料？我們的大腦會特別注意少數突顯的例子，比如W底形成後，價格會有一波漲勢，這是我們會注意到的，因為大家也都這麼說，於是，你會據此進場作多；然而，你是否想過，失敗的W底機率是多少？

人性本來就是如此，你的大腦也是這樣篩選資訊，挑揀最明顯而成功的案例，完全忽略相反、失敗的證據，即使它發生的機率很高。

在交易時，你一定有這樣的經驗：當你進場後，發現價格並沒有如預期的方向前進，反而慢慢地靠近你的停損點（原本你設定20點停損，價格突然唰——的，一下子突破你的停損點）按照計劃，你是該停損了，但不知怎麼的鬼迷心竅，你想跟市場拼一下，或者想起某一次你也是忘了停損（也許是視而不見），忍耐一陣子後，價格就又回到你的成本——你很有技巧的掩蓋住曾經發生過虧損的事實之後——然後又繼續往你預期的方向狂奔，甚至超過你的獲利目標。你想，這次是不是也會這樣？

不要以為這是天上掉下來的禮物或是老天爺的憐憫！這是邪

惡的陷阱！你的大腦會記住這樣的資訊，即使它發生的機率低的令人鼻酸；但你卻會依循「小數法則」的模式操作，不斷重覆，直到你被市場趕出門為止——值得慶幸的是，時間不會很長！

多看看自己的交易紀錄，讓數據告訴你問題在哪裡。期望值太低，表示停損值要再往下降；勝率低，表示要耐心等待進場時機；虧損總是比獲利高，表示你的出場策略要再檢討。好好認識自己，比任何技術分析都能幫助你在市場上賺錢，除非你不想賺錢。

艾迪·塞可塔說過：「不論輸贏，每個人都能在市場上得到他想要的。」想想你要的究竟是什麼？

活著才最重要

當沖是一種不留倉過夜的交易方式，其優點是可以避免你的倉位曝露在未知的風險中，沒有人知道明天會發生什麼事；缺點則是交易者會長期承受很大的精神壓力，你要在一天之內完成2、30筆甚至上百筆的交易，這會讓你的腦袋不停的思考、決策，同時還要承擔決策的現世報——賺錢或虧損，日復一日，年復一年。

每個新手進入當沖的世界前，要先清楚最重要的一件事：能在市場中活著的人一定是高手，因此，你的目標不必太遠大，先努力讓自己在市場中活著。活著並不容易，因為市場變幻莫測，你根本捉不住它，必須費盡心思才能稍微跟上它的腳步。

活著是因為你必須接受市場的淬鍊，唯有經歷一個完整的多空循環，才能了解市場運作的原則。在這過程中，你要不斷地交易，從市場上汲取成長的養分當成你的經驗，時間一長，你會知道在這裡做什麼動作會賺錢。市場要的是什麼？要你付出時間、金錢並接受無窮無盡的折磨，賺錢的喜悅、賠錢的痛苦都只能自己承擔，最最折磨心性的是，明明知道賠錢時的作法是錯的，偏偏又不斷在錯誤的輪迴裡打轉，走不出來……，市場就是要你動心忍性，增益你能力不足之處。

就像森林裡的動物都有自己獨特的求生技能，人的個性不同、資質不同，交易方式應該也會不同，唯一相同的是在同一個

市場交易。因此，有人認為交易基本功是進場點的判斷，至少要知道當下是作多有利或作空較佳，還是保持觀望；有人認為要找到符合自己個性的交易方式，讓自己在交易過程中可以保持客觀，不會因為部位大小不同而變換操作模式。

我認為當沖交易的基本原則是「追高殺低，順勢交易」和「控制虧損，獲利讓市場決定」。價格的波動有時是有趨勢性而不是隨機的，當價格突破整理區間時，勢必會有一段或大或小的走勢行情，交易者能做的不是猜想行情會怎麼走，而是看它怎麼走，再趕快跟上。不過天有不測風雲，沒人能保證這次會跟上次一樣，而我能控制的就是：我願意接受多少點的虧損。

金庸武俠小說中，「九陰真經」的創始人黃棠在檢校道家典籍時，無意中習得深厚的內功，卻無招式可以抵擋武林中人的追殺。他在家破人亡後，躲入深山中，窮盡心思研究如何將內功變成可以用的招式，當他武功大成、下山尋找仇人時，卻遍尋不著，最後找到一個白髮蒼蒼的老太婆，當年她還是個少女，如今也已是風中殘燭。原來你不必練什麼高深的武功，只要活得比你的對手久，你就是勝利者。

《金融怪傑》的作者請賴瑞‧海特(Larry Hite)給交易者的建議：

1. 如果不下注，你就不會贏。
2. 如果你輸得精光，你就無法下注。

活著是最重要的，古今中外皆然。

原來猴子是對的！

《莊子‧齊物論》中有一個「朝三暮四」的寓言故事，比喻我們心意不定、反覆無常，一般來說具有負面涵意。不過，換個角度思考，竟有意想不到的結果。

故事是這樣的：有一個養猴人對他所養的猴子說：「我決定每天早上餵你們吃三升橡實，下午餵四升橡實。」想不到猴子們都很不高興，嫌早上吃的太少了。於是，養猴人就說：「那這樣好了，我們就改成早上吃四升，下午吃三升。」猴子們聽了很高興，以為這樣一來，早上的橡實就變多了。

「朝三暮四」或「朝四暮三」，只是改變了早晚的數量，總量不變，但猴子自以為是地滿足了；一般人也常用這種自以為是的眼光來衡量事理，但就像「朝三暮四」和「朝四暮三」一樣，可以隨時變來變去，並沒有客觀的標準。

我偷偷告訴你，原來猴子是對的，是我們人類不懂！

當沖交易除了停損的功夫之外，盤中停利是更上層樓的紀律訓練。查查看你的交易紀錄，有多少次「早盤獲利卻繼續交易，等收盤後才懊悔早知道」就好了；然後，情緒延續到明天，你想再將昨天的虧損和今天的獲利目標都賺回來，此刻的你不再專注於交易的對錯，你想的只是如何賺更多的錢；最後不是拗單就是過度交易，最可怕的莫過於失去理性，將所有資金重押在一筆交易，閉上眼、露出喉嚨，讓市場決定你的命運。

　　想一想，猴子是對的吧！如果你早盤獲利收手，不就是「朝四暮三」？但每次你都是交易虧損收盤，就是「朝三暮四」；縱使盤後再多的檢討、反省，也改變不了既定的事實。

　　想要再次提昇自己的交易境界，就一定要在盤中進行檢討——交易時的心態能不能知所進退，獲利達成目標後能不能停止；如果能在虧損到達一定程度就收手(也就是日停損的觀念)，那你的基礎訓練就完成了，成功只是時間上的問題！

　　換個角度思考，原來猴子是對的，是我們人類不懂！

欲練神功，必先自宮

　　當沖交易就像練一門武功，要從蹲馬步開始。

　　蹲馬步很無聊，看著大師兄練的武功，一招一式，威力無窮，自己卻只能靜靜的蹲著馬步，也不知道何時才能像大師兄一樣，心裡不禁懷疑：難道師父(市場)偏心？

　　小師弟問師父：「師父，我馬步都已經蹲了幾個月了，什麼時候才能夠教我其它武功？」

　　師父：「還早！你下盤還不穩！！」說完順手推了他一把，小師弟瞬間就跌坐在地。

　　在當沖交易中，停損就像是蹲馬步，基本功練不扎實，想要學高深的武功是很容易走火入魔的；停損不練好，想要多空雙向交易、瞬間加碼、抓轉折，很快就會從市場上畢業！大師兄我的馬步一蹲就是兩年，記得在蹲馬步的時候，不能分心，偷學武功，我就是這樣，馬步才會蹲兩年，不然只要一年就可以了。先乖乖的蹲馬步，不要想偷學師父的絕世武功，小心被師父(市場)逐出師門。

　　金庸武俠小說《笑傲江湖》中，眾多武林人士為了一本武功秘笈「葵花寶典」費盡心思、你爭我奪，最後終於落在華山派掌門岳不群的手裡，當他翻開「葵花寶典」，第一頁寫的就是：「欲練神功，必先自宮」。「葵花寶典」中的武功並不難學，但要男人自宮就難了。

男人若自宮就不再是男人，這是「尊嚴」問題。

交易時，我們也常碰到尊嚴問題。有個型態叫W底，你認為完成後一定會有大行情，於是你滿懷信心的進場，還將所有可用資金都投入，因為你相信這是賺大錢的好機會，然而價格卻在突破W底頸線不久後，再一次回測頸線，讓你產生虧損，這時你該怎麼辦？為了證明自己是對的，只好忍受虧損，繼續凹單；或是拋開尊嚴，立刻停損平倉！

「欲練神功，必先自宮」，唯有拋開尊嚴，毫不猶豫的停損，你才算是完成了當沖交易的基本功。人是一種習慣性的動物，只要養成習慣，就會遵循這個慣性去做，讓停損成為你的交易習慣，點數一到就砍、感覺不對也砍，當你在凹單不停損時會感到彆扭，恭喜你，你已經可以進階高手之林了！

聖杯

「聖杯」據說是耶穌在最後晚餐時用的杯子，我們最熟悉的「聖杯」故事，莫過於印第安那・瓊斯父子尋找聖杯的冒險故事。在這部電影裡，聖杯所盛的水有使人長生不死和奇特的治癒能力。瓊斯和德國納粹為了爭奪聖杯而展開激烈的鬥爭，但是最終誰也沒有獲得聖杯。因為得到了也沒用，聖杯離開了聖殿就失去神性。

由於信仰的關係，「追求聖杯」對西方人來說是很重要的行為，學者的解釋各有不同意涵。概括來說，聖杯成為自我主宰的象徵，代表人類心靈力量的源頭。

交易從數理邏輯出發，然後長成藝術的花朵，形成哲學式的生活。在我交易之初，不懂「聖杯」的真正內涵，碰到失敗、挫折、以為是自己技術分析的能力不足，無法掌握趨勢、判斷行情，於是參加各種研討會，購買相關理財書籍，回家後邊看邊想──原來要這樣做才對。隔天再次進場交易，卻仍是慘敗而歸。

八年來不間斷的交易，經過無數次市場多空的淬鍊，終於在意想不到的地方找到傳說中的「聖杯」──原來，交易的終點是我自己。

《莊子・養生主》中有一個「庖丁解牛」的寓言故事，發人深省。庖丁為文惠君殺牛，不論是用什麼方法，都立刻使牛的皮骨分離，而發出的聲音有如「桑林」與「經首」般美妙的音

樂。文惠君問他：「你真是太厲害了，你的刀法怎麼會如此高明呢？」庖丁說：「我所追求的是道，這是遠遠超過技巧的階段。開始學殺牛時，不懂得牛的結構，看著一整頭牛往往不知從何下刀；經過三年的磨練，眼前所見不再是一頭全牛了。現在殺牛，不需再看著牛，而是心神領會，停止五官知覺，順著牛的生理結構，切開筋骨的縫隙，刀子悠遊於骨節間；經絡相連和筋骨盤結的地方碰都不需碰一下，何況是大骨呢？技術高明的廚師，每年要換一把刀，因為他們是用刀來切肉；反之，一般笨拙的廚師，每個月都需要換新刀，因為他們是用刀來砍肉；而我這把刀已經用了十九年，所殺的牛也有幾千頭，但刀刃還是像剛磨過的刀一樣鋒利。這是因為牛的骨節是有縫隙的，刀刃卻沒有厚度，以沒有厚度的刀遊走於有縫隙的骨節間，自然是得心應手。」

技術分析、型態、指標都是別人的心血結晶，都是別人的經驗和領悟，只能意會無法言傳。我的聖杯就是自己，愈瞭解自己，交易技巧就愈高明；像庖丁專注在殺牛，卻也到了神而明之近乎道的境界。

孔子曰：「吾道一以貫之。」

學習當個專家

　　曾經閱讀過《狙擊手操作法》這本書，對於書中談到的觀念：「學習當個專家」，我深受感動，以下摘要其重點與大家共勉之。

1. 你應該學習當個專家，盡全力成為最優秀的短線當沖客，或者最優秀的價差交易人，或者最優秀的季節型交易人。

2. 專業的場內交易員只看準一種期貨和使用一種特別的操作風格。一流的交易人是把一件事情做得很好的專家，而且一做再做；交易新手經常用過一種方法，發覺行不通後，便改用另一種方法。交易生手可能涉足多達12種不同的期貨合約。

3. 專業人士只有一種專長——搶帽子、短線操作、價差交易，或者其它任何操作風格，他日復一日都做同樣的事：每天站在交易市場的同一個地方，每天和同樣那些人交易。值得注意的是，他據守一個狹隘的領域，而且是那個領域不作第二人想的專家。每個市場都有它的律動，專業的場內交易員每天都做同樣的事，對於市場律動之瞭解，不是偶爾涉足其中的參與者察覺得出來的。

4. 我每天做同樣的事，能夠領會市場的脈動，要是有什麼事情出了差錯，馬上察覺得出來。此外，我的專長是積極、短線操作S&P，我曉得它昨天和前一天的交易情形。我敢說，每一位場內交易員都知道昨天的高點和低點在哪裡，更別提今天的盤中高點和低點，這是懂得停損點要放在哪裡，以及關鍵突破點位於何處的基本依據。

古語有云：「三百六十行，行行出狀元。」在交易的領域中，找一個小小的地盤，學習做一個專家，將簡單的事重複做，熟練到不加思索就能做出正確的判斷與動作，讓交易成為你的一部分，變成你的直覺。每天簡單的做一樣的事，但卻每天都可以數不一樣的錢。

在我8年的交易生涯中，我從不曾離開當沖交易的模式，雖然也曾嘗試不同的交易模式，卻每每都以失敗收場。再看一次《狙擊手操作法》這本書，我深深體會到，只要成為當沖交易界的佼佼者，我就能一輩子不愁吃穿，因此要自己別再三心二意、搞東搞西的，更何況，在我們那一群朋友中，我的等級還算低的。

交易的境界是經由積極的交易獲取經驗而不斷提升，大家共勉之！

簡單的交易原則

近來，有學者專門研究如何成功；撇開個人特質不談，大家一致認同：成功就是將複雜的事簡單化；將簡單的事，重覆的做。對於這個論點，我也深表認同。我和朋友常想，當沖交易真的很簡單，只要在交易前先想好：

1. 這次進場部位的大小。

2. 設定停損點(你可忍受的金額)。

3. 決定作多或作空。

若這筆交易作對了，就看市場要給你多少利潤了；作錯了，就停損出場，準備下一次的進場機會。這不是很簡單嗎？

很簡單嗎？其實也不簡單！看似簡單的動作，其中有許多違反人性的難處。進場怕虧損，不進場怕沒賺到；作多怕被殺，作空怕被軋；停損怕被洗盤，不停損怕被抬出場；賺錢想賺更多，虧錢卻繼續拗。唯有苦過、痛過、走過的人，才會覺得簡單。我知道該這麼做就得這麼做，這是因為市場從不理會你的想法，它只走自己的路。

交易不只是一門藝術，更是一種哲學式的生活。成功的交易者認識自己，改變自己，從不與市場爭辯誰對誰錯！我們只是努力讓自己更上一層樓，如此一來，市場自然而然就會增加我們的報酬。

中國哲學有一脈相傳的道統：「物格而後知至，知至而後意誠，意誠而後心正，心正而後身修，身修而後家齊，家齊而後國治，國治而後天下平。自天子以至於庶人，壹是皆以修身為本。其本亂而末治者否矣；其所厚者薄，而其所薄者厚，未之有也。」即一切都要由修身做起；物有本末，事有始終，知所先後，則近道矣！

剛開始，我們學習交易的知識——這不就是格物致知，接下來真心誠意的想在市場賺錢卻不得其門而入，直到我們回歸最初的心、遵守基本的交易原則，這是修身；於是我們開始賺錢，過好一點的生活，照顧家庭和親人。你看像華倫‧巴菲特、索羅斯、彼得‧林區等人，不就是治國、平天下的境界嗎？

認識自己、掌握自己、改變自己，從修身做起，一個階段、一個階段的向上升級。或許有人會問，我怎麼知道自己在哪個階段？看你的存款帳戶就知道了，它會告訴你！

盤感

　　什麼叫盤感呢？就是你一眼看上去，對盤面走勢的一種直覺。它是觀察盤面即時走勢時，心裡所產生的第一反應，每個人對當下的行情都會有自己的盤感，但是你我的盤感卻不一定相同。同樣的即時走勢，因為我曾經歷過很多次，所以我知道哪裡會產生速度（軋空或殺多），當相同的走勢再度出現時，我當下已經行動，完全不經思考；而你卻可能還在猶豫，甚至做相反地決策。

　　盤感要如何訓練？盤感是用一口一口單，在市場上真實地交易所訓練出來的。就像我在前文所說的，我交易了8年，交易筆數達10萬筆，交易口數超過50萬口，練就了極佳的盤感，一般當沖客沒有這樣豐富的交易經驗，盤感當然就常常出錯。8年前當我還是新手的時候，也跟大家一樣，因此在「操盤手之路」這系列的文章，我寫出自己成長的經過。交易沒有捷徑，只有一步一步走下去，碰到問題，一個一個解決；遭遇困境，一次一次去突破。

　　期貨上漲的時候，如果我也認為會上漲，我就會進場試單作多，然後再一步步去驗證作多是對的。最簡單的方式就是，作多後如果賺錢，表示我做對方向了，這時我會研判是否可能產生速度？如果沒有就平倉，如果有則很快地加碼，最後再從現貨市場來確認。我常常進場後就立刻停損，因為一進場試單就出現虧損，我手上絕不持有虧損的倉位，而我也只在試單賺錢後加碼，

唯有如此，才能使我對正確的盤感與交易不斷地做正面的強化！

　　反觀一般的當沖客，總是被動地等待市場，證明自己是對的，然後才去追價，這時往往是為時已晚。因此，盤感也可以是：不一定要等到市場證明我是正確的時候才進場，也不一定要等到市場證明我是錯誤的時候才出場，這句話的意思就是，盤感是洞燭機先的一種能力，實踐在交易上就是：「錯了就跑，對了不一定要賺到飽！」

當沖交易的境界

隨著當沖高手的曝光,各位會發現:如果你只看到最高境界的交易手法,你的心態就會產生偏差 ——因為我們畢竟已經交易很多年了。以我而言,今年已經是第九個年頭,每天都在交易,如果無法獲利,早就被這個市場淘汰了!

各位必須衡量自己的環境。當初我是因為當營業員,沒多少客戶,只好自己做口數,才會走向當沖一途;也是因為在期貨公司中認識一些戰友,大家一起成長;我也知道市場上已經成功的交易者是誰,而通常這些成功的交易者都很低調,所以大家是不可能認識的,不過我們卻知道。

我們知道我們會成功——只要方向正確。八年過去了,當初一起奮鬥的戰友,都已經成為很成功的交易者(至於是哪些人,我不方便透露,因為他們不喜歡我在網路上談論太多)。

交易都是循序漸進的,以下是我對當沖交易境界的三大分類:

1. 先求不輸:

    只有活著你才能贏,這在我的文章中都有提到。在「先求不輸的境界」中,目的在於吸收交易經驗,磨練自己的心性,除去會讓你「大賠」的惡習。這個階段中,你會陷入賠錢→賺錢→賠錢→賺錢→賠錢⋯⋯的無盡循環。這個階段的時間至少一年,平均是三年,有時更久,但有更多人,從此被市場淘汰。

2. 再求穩定獲利：

我的文章中一樣有談到：在「求穩定獲利的境界」中，目的在先求每天穩定獲利，再求獲利金額的提升，時間我認為是三年。

3. 無的境界：

期貨就如行雲流水，它多，我就多；它空，我就空。它慢，我的部位就縮小；它快，我的部位就放大。

當沖交易會讓你悟出人生的哲理。

期貨當沖界的劇變—Tick Trader的崛起

Tick Trade是期貨當沖交易中週期最短的交易，亦即俗稱的「搶帽客」。

自民國97年10月6日起，股價類期貨契約之期貨交易稅徵收率由千分之零點一調降為十萬分之四。

範例：指數5000點

```
5000*200*(千分之零點一)=100
5000*200*(十萬分之四)=40
原本來回一趟的交易成本=2*(100＋手續費)
將稅後來回一趟的期交稅為2*(40＋手續費)
一個tick為200=2*(40＋手續費)
則手續費=60
```

所以當你的手續費低於60，那麼跑一個tick也會賺錢，就跟美盤一樣。

這樣的交易環境慢慢會有當沖者轉向tick trade。

降稅會讓原本的當沖客獲利增加嗎？答案是不一定。但可以肯定的是：

1. 大幅滑價的現象會減少，因為只要一滑出去，Tick Trader就會急於平倉。
2. Tick Trader提供良好的流動性。

3. Tick Trader仍然無法改變趨勢，但他會把小趨勢切得更細。

之前的文章中曾提到交易系統的進步，這也是Tick Trader崛起的原因之一，因為進步的交易系統讓交易的進出場變得非常方便，當你把「停損的能力」發揮到極致時，也就是虧損(L)趨近於零，便成為「Tick Trader」。但是這樣的交易方式會讓交易的口數暴增，如果不能大幅降低手續費，那交易成本是很可怕的，也不一定能獲利。成功的Tick Trader利用不斷地試單，把自己的感覺與盤勢做連結，只要抓到一小段的行情，便可以再試單許多次。Tick Trader利用不斷試單的方式，在交易的過程中始終握有發球權，不讓市場製造讓自己大賠的機會。

這裡還有一點需要說明，那就是交易系統的進步，會讓趨勢啟動時的價格變動速度變得更快，說明白一點就是，啟動時的1分鐘K很可能會是30點以上的長紅棒。這是因為啟動時的時點，參與者瞬間增加了很多，追價的口數自然會暴增，造成價格的大幅滑價，但是當出現滑價時，Tick Trader會急於平倉(原本只想賺3～5點，現在市場突然給你30點以上的獲利，當然閉上眼睛，隨便平倉)，使得1分鐘K出現上下影線的線型。

人外有人，天外有天

　　面對別人要懂得謙虛，面對自己也要懂得謙虛，面對市場更要懂得謙虛。

　　身為一位成功的交易者，其態度必定是謙虛的，因為他的謙虛才能讓他在處於交易顛峰時，不驕傲不自滿，甚至用更謹慎的態度來面對市場的波動；也讓成功的交易者持續保持顛峰狀態，即使有時交易績效滑落也能迅速的站回來。

　　半調子的交易者就不懂得謙虛。相信每個交易者都曾有過大獲利，但絕大多數都只是曇花一現，獲利永遠不長久。這是因為他們處在獲利高峰的時候，不懂得持盈保泰，甚至志得意滿，自我膨脹，慢慢輕忽市場，認為市場可從此讓你欲索欲求，孰不知危險就快到來，很快的市場就會給你當頭棒喝；如果交易者本身還不自知，只怕又要從期貨市場上畢業，被打入交易世界裡的無間地獄，難以翻身。

　　台灣的期貨商為了推廣業績，曾舉辦過多次的期貨交易比賽，姑且不論動機為何，從比賽中的成績，你可以將自己的績效與這些高手相較，你會赫然發現，期貨高手還真不少。與高手比較不是逼自己要像他們一樣交易，像他們一樣擁有高獲利，而是用以警惕自己：現在的獲利沒什麼好自滿的，期貨交易之路還很漫長，不要因為一時的順心而停下腳步，不再往前。要記住：我們身後還有很多優秀而且年輕的交易者在追趕著！

I Will Be Back

　　阿諾‧史瓦辛格在「魔鬼終結者」系列電影中，飾演生化機械人，雄壯魁梧，充分展現陽剛之美。在每一集的電影中，不論片中或結局，他總會經典地說出：「I Will Be Back.」他在第一集演壞人時，說這句話的感覺很嚇人，害怕惡夢會回來；但到了第二、三集，因為飾演好人的關係，聽到這句話反而讓人覺得很安心，期待他再回來保護人類的希望。

　　控制虧損是交易紀律的精髓，也是交易成功的不二法門。我之所以不斷強調「停損」，是因為這是躋身高手之林的唯一途徑，不幸的是，多數交易者都知道要遵守紀律，卻總是做不到，因為「心魔」無所不在。

　　當你好不容易克服許許多多的交易障礙，開始達到每月、每週甚至每天都很穩定的獲利時，滿心歡喜的以為自己克服了「心魔」，與它和平共處了，然而就像阿諾‧史瓦辛格說的「I Will Be Back.」，它不只會回來，而且會常常回來。

　　「心魔」不是異形，也不是外來的物種，能夠趁你不注意時進入你的身體；「心魔」從你懂事開始，就一直存在你心中，它就是你，是你內心的另一種渴望，就像任性的小孩，非得把你惹毛或者把事情搞砸，它才會稱心如意。所以新手交易者經常陷入沮喪的痛苦之中，明明已經連續賺錢一個禮拜，怎麼才一天就賠回去，還倒賠了不少！連續的賺錢容易使人志得意滿，認為自己

無所不能，要市場往東，它不敢往西，最後就像傑西‧李佛摩一樣，始終逃不出情緒的困局，因而失去一切。

　　問題不在於「心魔」何時出現，而在於你何時察覺它的出現。以前的我，總是在盤後檢討時才發現它的蹤跡；如今的我，在盤中就會提高警覺，時時戒備，提防心魔的出現。不要滿腦子只想把自己切成二半，嘗試將心魔趕出體外，在交易中除了要學習如何與「心魔」共存，更可以讓它當成你的哨兵，替你收集情報，讓你知道身體在交易時的反應。有時候，你的情緒比你更懂市場！

■ 心魔

　　交易的過程是不斷反覆的試煉、煉你的技巧、煉你的紀律、煉你的心。「煉」是用火燒或高溫加熱等方法，使物質除去雜質，變得精純或堅硬。在交易之初，你會感到非常痛苦，因為你必須用鋼鐵般的紀律來鍛鍊人性中「魔」的成分，以克服「心魔」——那些令你虧損的交易模式。

　　交易技巧是很容易學會的，不論是K棒、型態、指標，只要你用心都可以找到很好用又適合自己的賺錢模式。而在經過一段時間的交易，當你瞭解「心魔」的真義後，你也會懂得如何與心魔共存，「他強由他強，清風拂山崗；他橫由他橫，明月照大江」。有時「心魔」的威力強大，你讓它一下又何妨，只要大部分的時間裡——特別是交易的時間——它不出來干擾你的情緒就好了，何須否認自己是一個有情緒的普通人？

　　自從在網路上寫出我的交易經驗後，境界的提昇讓我更瞭解自己只是一個普通人。交易時，我專注於盤面的變化，戰戰兢兢的提防心魔再現；盤中不斷反省、檢討交易的對錯，絕不讓它有機可乘。收完盤，我會釋放盤中被壓抑的情緒(心魔)，喝杯悠閒的下午茶，陪孩子到公園玩，和家人共進一頓溫馨的晚餐。有時候和志同道合的朋友開一瓶紅酒，意氣風發共飲當年勇。與心魔共存，瞭解它是自我的一部分，無法切割也不須分離。

　　天下漫畫中，我很喜歡「聶風」這個角色，以及他那鮮見

的離奇際遇。他沒有神兵利器或增強功力的靈丹妙藥相助，但遺傳了家族的「瘋狂的血」；「瘋狂的血」經常在生死關頭救他一命。他從小就必須與魔共存，因此他害怕這股力量，但最後他卻善用身上這股力量，成為武林的神話。

魔與佛僅在一念之間，一念而生，一念而死。「交易」不能一直壓抑自身的情緒，當它忍無可忍，無須再忍時，便會創造出「毀滅性風險」，直接請你出場。善待自己，與心魔一同創造成功！

第一時間停損

　　之前，我們談過「停損」是拿回交易的主控權，讓你可以決定是否重新再進場，畢竟進場的決定比出場容易多了。接下來，我們來研究一下「停損」的時機。很多人一定有這樣的交易經驗（我也曾經是其中一個）：當設定好的停損值被突破後，沒有立即停損，不一會兒，價格又回到你的成本，繼續往前衝，最後居然讓你獲利平倉。雖然我們說過這是「邪惡的陷阱」，但結果畢竟是賺錢的，讓人感覺好舒暢，可是千萬不要沈醉其中，因為早晚會付出代價。

　　世間的道理，說穿了很簡單，只是做不做得到的問題罷了。《尚書·說命中》：「非知之艱，行之惟艱」，你只要記住設定停損點的初衷，就可以在第一時間下決定停損平倉。所有停損值的設定並非一時興起，隨隨便便的說10點或20點；你必須全盤衡量你的資金部位大小、風險承受度、勝率高低……等問題，才能決定每一筆交易的停損值。如果你很仔細、謹慎的考慮過這些問題，你能忍受的風險就這麼多，怎麼可能放任價格突破停損值，讓「邪惡的陷阱」有機會干擾你的交易心態呢？

　　停損的最高境界是「心理停損」，成功的交易者知道，若進場後沒有如預期般的獲利時，他就會平倉出場，並且等待下一次的進場時機。我從不跟市場爭辯，只要進場後不如我的預期，一定先平倉出場觀望，如果我預期它會漲，而市場沒漲，難道我要

跟市場爭辯「為什麼你不漲？」，然後用「我的錢」跟市場拚一下，看誰對誰錯嗎？

市場永遠是對的，不要用你的想法或金錢跟它對抗或操控它。下一次進場前，先觀察市場老大想怎麼走，然後趕快跟上；看錯了，也沒有時間和老大爭辯，快點走，保護自己的錢比較重要。

進化論

　　能在交易的世界中存活下來的都是高手，但不見得是聰明人。成功雖然只有一種，卻有很多種形式，有人用套利，每個月賺錢；有人在選擇權大放異彩；而我則以當沖交易作為投資旅程的起點。其實有點意外，若不是那一年景氣不好，只能找到期貨營業員的工作，以我的個性，這一生應該不會踏足期貨。今天我能小有成就，當然可以說是老天爺的安排，只是祂給我的磨鍊也真是難熬。

　　入行至今，看過太多聰明人在期貨交易敗陣。我的國中同學自少校退伍後，專職投資股票，三年三起三落，卻仍無法忘情投資。進入期貨界不到四個月就賠了30幾萬；工作半年又存了30幾萬，也在六個月內消耗殆盡。就算有我盡全力的幫他，卻始終過不了自己那一關。

　　我一再強調「當沖交易」很簡單，只要你能嚴守停損，在第一年你會用錢換經驗，第二年開始就可以將所賠的錢賺回來。可是有多少人能整整一年都遵守紀律，停損點一到就毫不猶豫的砍倉？但偏偏一定要過這關才能有深厚的基礎，邁向成功。

　　很多人被市場掃地出門，不是因為不夠聰明，而是太聰明了。我同學從國中開始就很有主見，知道自己的理想和渴望；他走上自己規劃的道路，在哪裡轉彎、在哪裡休息，甚至何時轉換跑道都在他的計劃中。他一步步的照著計劃走，一直來到投資世界才碰到鐵板。

我思索著為何我能成功而他卻還在邊緣掙扎。在聊天的過程中，我慢慢體會出我們的不同——他是一個有主見、努力、勤奮，更是善於規劃未來的人，這些特質造就了他的成功，於是他將整個成功的模式複製到投資，這是再自然不過的事了；但是交易總是不斷出現意外，讓人無法預期，你只能依照交易的基本原則，等待市場的回應，而不是期待市場回應你的想法。

聰明人要進化為成功的交易者，過程是最為辛苦的。舊有的行為認知模式是他賴以為生的基礎，市場卻要他將這一切都拋開，拋開過去的榮耀，學習如何遵守紀律。市場將他一層層的剝開，要他深刻體會：唯有敬畏市場、跟隨市場，才能在交易中獲得豐富的利潤。

相信我，只要能做到「控制虧損」，你就能成功。

當沖
交易心法

它多，我多

它空，我空

它慢，我小

它快，我大

聚財網叢書

股市提款機(贏家增修版)

唯一敢
公開當沖交割單的天才操盤手

隨書附贈聚財點數100點
作　者：陳信宏（當沖贏家）
定　價：330元

看一位股市裡的實戰操盤手如何「反市場操作」，每月在股海裡穩定獲利數十萬，把股市當成自己的提款機。

市面上關於股市的書籍汗牛充棟，本書與其它書籍最大的區別在於，作者願意提供買賣當沖交割單，證明在股市裡是長期實質獲利，並以自身豐富的實戰經驗，教導大家如何成為股市裡的少數贏家。

群益證券資深經理人 **余曉梅**
熟悉書中贏家的思維，具備耐心、紀律等特質，相信成為贏家並非難事。

兆豐證券資深經理人 **姚嘉派**
現學實用的股市寶典，不同於坊間流於紙上談兵的股市書籍，可謂創舉。

兆豐證券業務副總經理 **施壬苓**
深具啟發性，值得一讀再讀，推薦給對股市當沖有興趣的讀者們。

凱基證券業務副總經理 **俞全福**
當沖贏家陳信宏先生不藏私，再次分享他「贏的方法」。

國家圖書館出版品預行編目資料

臺指當沖交易秘訣 ： 操盤手之路 / 李堯勳著.
-- 初版. -- 臺北縣板橋市 ： 聚財資訊,
2009.08
面 ； 公分. --（聚財網叢書 ； A039）

ISBN 978-986-6366-00-0（平裝）
1.期貨交易 2. 投資技術 3. 投資分析

563.534   98010775

聚財網叢書 A039

台指當沖交易秘訣：操盤手之路

作　　者　李堯勳
總 編 輯　莊鳳玉
編　　校　高怡卿
設　　計　陳媚鈴

出 版 者　聚財資訊股份有限公司
地　　址　23557　新北市中和區板南路653號18樓
電　　話　(02) 8228-7755
傳　　真　(02) 8228-7757

軟體提供　奇狐勝券分析系統

法律顧問　萬業法律事務所　湯明亮 律師

總 經 銷　聯合發行股份有限公司
地　　址　231 台北縣新店市寶橋路235巷6弄6號2樓
電　　話　(02) 2917-8022
傳　　真　(02) 2915-6275
訂書專線　(02) 2917-8022

ISBN-13　978-986-6366-00-0
版　　次　2009年8月初版
　　　　　2015年2月再版
　　　　　2017年3月三版
定　　價　320 元

聚財點數100點
啟用網址 wearn.tw/open

編　號： P73280
開啟碼：